FGV DIREITO SP

PRISÕES, BORDÉIS E AS PEDRAS DA LEI
Ensaios em Artes e Direito

José Garcez Ghirardi

Advogado, Mestre e Doutor em Estudos
Linguísticos e Literários
Professor da Escola de Direito de São Paulo
da Fundação Getulio Vargas (FGV DIREITO SP)

PRISÕES, BORDÉIS E AS PEDRAS DA LEI

Ensaios em Artes e Direito

Apresentação de *Bernardo Buarque de Hollanda*

Belo Horizonte
2020

Copyright © 2020 Editora Del Rey Ltda.

Nenhuma parte deste livro poderá ser reproduzida, sejam quais forem os meios empregados, sem a permissão, por escrito, da Editora.

Impresso no Brasil | *Printed in Brazil*

EDITORA DEL REY LTDA.
www.livrariadelrey.com.br

Editor: Arnaldo Oliveira

Editor Adjunto: Ricardo A. Malheiros Fiuza (*in memoriam*)

Coordenação Editorial: Letícia Neves

Diagramação: Know-how Editorial

Revisão: Lígia Alves

Editora:
Rua dos Goitacazes, 71 – Lojas 20 a 24
Centro – Belo Horizonte – MG
CEP 30190-050

Comercial:
Tel.: (31) 3284-3284 / 3293-8233
vendas@editoradelrey.com.br

Editorial:
editora@editoradelrey.com.br

CONSELHO EDITORIAL:

Alice de Souza Birchal
Antônio Augusto Cançado Trindade
Antonio Augusto Junho Anastasia
Antônio Pereira Gaio Júnior
Aroldo Plínio Gonçalves
Carlos Alberto Penna R. de Carvalho
Dalmar Pimenta
Edelberto Augusto Gomes Lima
Edésio Fernandes
Felipe Martins Pinto
Fernando Gonzaga Jayme
Hermes Vilchez Guerrero
José Adércio Leite Sampaio
José Edgard Penna Amorim Pereira
Luiz Guilherme da Costa Wagner Junior
Misabel Abreu Machado Derzi
Plínio Salgado
Rénan Kfuri Lopes
Rodrigo da Cunha Pereira

G425p   Ghirardi, José Garcez. Prisões, Bordéis e as Pedras da Lei: Ensaios em Arte e Direito / José Garcez Ghirardi. - 1. ed. - Belo Horizonte, MG : Editora Del Rey, 2020.
132 p.; 14x21 cm

Inclui bibliografia.
ISBN 978-65-5791-030-6

1. Bordéis. 2. Direito. 3. Leis. 4. Literatura. 5. Prisões. I. Título. II. Assunto. III. Ghirardi, José Garcez.

CDD 340:700   CDU 34:7

Pedro Anizio Gomes
Bibliotecário – CRB-8 8846

Sumário

Prefácio VII

Apresentação XIII

O contínuo ideológico entre Artes e Direito 1

Artes e Direito:
a busca de novos diálogos 11

Deus confia em nosso bom senso:
experiência como crítica à autoridade
no *Conto da mulher de Bath* 25

Prisões, bordéis e as pedras da lei:
discursos Modernos sobre o Direito em John Austin
e William Blake 49

Look at all these lonely people:
ainda a interpretação em Artes e Direito 65

Tem diabo nenhum:
literatura do século XX e o problema do mal
– uma contribuição para o debate 79

Se, numa noite de inverno:
ensinando Artes e Direito 95

Prefácio

Nada me parece justo en siendo contra mi gusto.
Calderón de la Barca, *La vida es sueño.*[1]

Este livro reúne ensaios em Direito e Literatura que dialogam diretamente com a proposta fundante do curso de Artes e Direito que ministro na FGV DIREITO SP desde 2005. Tanto ensaios quanto curso se estruturam a partir de um conjunto de premissas que configuram a perspectiva a partir da qual proponho aproximar os dois campos. São elas:

i) A *legitimidade social do Direito*, assim como a de suas instituições, práticas, agentes e discursos, não pode ser plenamente compreendida, nem sustentada, em termos estritamente jurídicos, uma vez que ela *se funda na moldura ideológica mais profunda que estrutura as sociedades.*[2]

ii) Essa moldura se expressa naquilo que Charles Taylor denomina "imaginário social":

> Por imaginário social, entendo algo muito mais amplo e mais profundo do que os esquemas intelectuais que as pessoas possam ter quando pensam sobre a realidade

---

[1] CALDERÓN DE LA BARCA, Pedro. *La vida es sueño* (1653). Segunda Jornada, Quadro 1. Disponível em: http://www.dominiopublico.gov.br/download/texto/bk000092.pdf.

[2] CASTORIADIS, Cornelius. *A instituição imaginária da sociedade.* São Paulo: Paz e Terra, 1982.

social de maneira distanciada. Penso, antes, nas maneiras pelas quais as pessoas imaginam sua existência social, seu modo de relação com os outros, o modo como as coisas se dão entre elas e os outros, as expectativas que são normalmente realizadas, e as noções e imagens normativas mais profundas que subjazem a essas expectativas.³

iii) O funcionamento quotidiano das instituições, práticas, agentes e discursos jurídicos *toma como axiomáticas* as premissas que informam o "imaginário social".

iv) Nesse processo, o funcionamento prático das instituições jurídicas tende a *ocultar ou escamotear a natureza não consensual dessas premissas*, seu caráter construído, conflituoso e controverso.

v) *As impugnações e críticas mais relevantes ao Direito têm fundamento* menos em sua estrutura manifesta, sua causalidade estrita (por exemplo: críticas a normas, institutos, decisões), e mais *em sua estrutura oculta*, seu sentido amplo (por exemplo: críticas às formas de valorar as dimensões processual e substantiva dos direitos, aos modos de definir as fronteiras entre público e privado; às estratégias discursivas que constroem uma acepção hegemônica de *rule of law* e suas implicações).

vi) Uma *tarefa fundamental dos juristas é a de buscar compreender essas estruturas profundas*, suas dinâmicas e consequências. Eles necessitam buscar as "forças imaginantes do Direito" (Delmas-Marty), as "fontes do imaginário

---

[3] TAYLOR, Charles. *Modern social imaginaries.* Durham: Duke University Press, 2004. p. 23. "By social imaginary, I mean something much broader and deeper than the intellectual schemes people may entertain when they think about social reality in a disengaged mode. I am thinking, rather, of the ways people imagine their social existence, how they fit together with others, how things go on between them and their fellows, the expectations that are normally met, and the deeper normative notions and images that underlie these expectations" (em tradução livre).

jurídico" (Ost), a moldura de sentido sem a qual é impossível desenvolver uma crítica ampla das causalidades afirmadas pelo Direito.

vii) As *Artes são lócus privilegiado para identificar essas fontes*, na medida em que articulam simultaneamente as múltiplas racionalidades e implícitos que compõem a rede do imaginário social e dos discursos jurídicos. Elas permitem trazer à luz aquilo se torna invisível porque, como estrutura ideológica profunda, se confunde mesmo com os sujeitos que as expressam. A célebre observação de Lacan "Penso onde não sou, logo sou onde não penso"[4] evoca justamente essa dificuldade de os agentes apreenderem os elementos mais fundamentais de sua subjetividade e de suas crenças.

viii) No campo jurídico, *identificar e compreender, tanto quanto possível, essa dinâmica oculta* que dá inteligibilidade às instituições, práticas, agentes e discursos do Direito *é indispensável para fortalecer sua legitimidade em sociedades democráticas*.

Essas premissas quanto ao objeto se articulam com uma premissa sobre o modo de desenvolver o diálogo, vale dizer, sobre o tipo de estratégia discursiva que essa proposta de aproximação solicita. A forma escolhida para esses textos é sempre a do ensaio: não se trata de um acidente, mas de uma escolha deliberada, que tem suas raízes na crença de que um dos problemas centrais para a renovação do pensamento jurídico hoje é o esgotamento das "estruturas de predicação"[5] que constituem o cerne do discurso autorizado no

---

[4] LACAN, Jacques (1992, 3. ed.). *O seminário*: livro 2 – o eu na teoria de Freud e na técnica da psicanálise. Rio de Janeiro: Jorge Zahar (original publicado em 1978), p. 521. Apud BRAUER, Jussara Falek; BRUDER, Maria Cristina Ricotta. A constituição do sujeito na psicanálise lacaniana: impasses na separação. *Psicol. Estud.*, Maringá, v. 12, n. 3, set./dez. 2007. Disponível em: http://dx.doi.org/10.1590/S1413-73722007000300008. Acesso em: 12 dez. 2019.

[5] RICOEUR, Paul. "Imagination et métaphore". "Le processus d'interaction [de la métaphore] ne consiste pas à substituer un mot par un autre – ce qui à strictement parler, ne définit que la métonymie – mais à combiner de façon

campo. Esse gênero textual, e as contribuições muito positivas que ele pode trazer para o adensamento da reflexão dentro da Universidade, é apresentado com clareza e elegância na generosa e sensível apresentação de Bernardo Buarque de Hollanda que se segue a este prefácio.

A escolha pelo gênero ensaio impacta também o tipo de linguagem utilizada, que se aproxima do coloquial e do quotidiano, afastando-se do jargão técnico e da dicção hermética que tão frequentemente encontramos em textos acadêmicos. Por esse motivo, como observa Paulo Roberto Pires comentando as observações de Alexandre Eulálio, esse gênero encontrou – e encontra – grande resistência na academia:

> A ideia de um texto que estende a mão ao leitor e relativiza a autoridade de quem escreve teria, segundo ele [Eulálio] passado ao largo da península ibérica, onde vigia a combinação de uma cultura de privilégios – sintetizada na imagem da "livraria do erudito ciumento" – com a inexistência de uma imprensa livre.[6]

Avesso ao hermetismo, o ensaio não tem como público-alvo uma comunidade epistêmica de eruditos que se valida por compartilhar um tipo de conhecimento inacessível aos "leigos". O inverso é verdadeiro: a proposta é fazer-se entender pelo público mais amplo possível, apresentando franca e claramente ideias que poderão ser apreendidas, impugnadas ou abraçadas mesmo por aqueles não iniciados nos temas apresentados. Os textos neste volume desejam esse caráter democrático e horizontal do ensaio e buscam, portanto,

---

nouvelle un sujet logique et un prédicat. Si la métaphore contient quelque déviance – ce trait n'est pas nié, mais décrit et expliqué de manière nouvelle – la déviance concerne la structure prédicative elle-même." Disponível em: http://www.fondsricoeur.fr/uploads/medias/articles_pr/imagination-et--metaphore-1.pdf. Acesso em: 16 dez. 2019.

[6] PIRES, Paulo Roberto. *In*: PIRES, Paulo Roberto (org.). *Doze ensaios sobre o ensaio*: antologia Serrote. São Paulo: IMS, 2018. p. 5.

uma linguagem que se aproxime, o quanto possível, da linguagem quotidiana.

Além dos dois textos inéditos que abrem o volume (*O contínuo ideológico entre Artes e Direito*; *Artes e Direito: a busca de novos diálogos*), os capítulos seguintes reproduzem artigos publicados entre 2013 e 2018. Os primeiros foram produzidos com o intuito de deixar mais claras, a um público mais amplo, as bases da proposta do curso de Artes e Direito; os últimos foram selecionados, dentro de minha produção, com o propósito de oferecer um panorama das possibilidades de diálogo entre o jurídico e diferentes momentos, gêneros e linguagens artísticas.

Assim, *Deus confia em nosso bom senso* toma como objeto um longo (e divertido) poema do final do século XIV (*Os contos da Cantuária*, escrito entre 1387 e 1400), enquanto *Look at all these lonely people* (com Ana Elvira Luciano Gebara) tem como ponto de partida uma versão jazzística de "Eleanor Rigby", dos Beatles; *Prisões, bordéis e as pedras da lei*, capítulo que serve de título à coletânea, contrasta a perspectiva romântica de Blake e o positivismo de Austin. *Tem diabo nenhum* se serve da obra-prima de Guimarães Rosa para discutir respostas contemporâneas ao problema do Mal, e *Se, numa noite de inverno* recorre ao poético romance de Calvino para refletir sobre a jornada de discentes e docentes na busca de compreender melhor o Direito a partir da Arte.

A coletânea registra alguns momentos dessa jornada, que, como todo caminhar, jamais se dá em isolamento. Devo à FGV DIREITO SP a oportunidade única de ter podido desenhar e ministrar uma disciplina pioneira nos cursos de graduação em Direito no Brasil. O diálogo constante com os colegas, não apenas da FGV, mas de tantas outras instituições e espaços, seu incentivo e suas críticas, ajudaram-me a avançar, apontando possibilidades e desafios que eu não teria sido capaz de entrever. De maneira muito particular, gostaria de agradecer aos que mais diretamente dialogaram comigo no contexto de composição desses textos: Ana Elvira Luciano Gebara criticou paciente e generosamente cada linha e me honrou com a possibilidade de uma coautoria; Salem Hikmat Nasser forneceu apoio e provocações preciosos às minhas tentativas de reflexão; a agudeza singular de Bernardo Buarque de Hollanda fez dele um parceiro indispensável no esforço de construir um pensamento que arrisque articular diferentes campos do saber e formas de dizer; minhas alunas e meus alunos ao longo de todos esses anos na FGV DIREITO SP, com seu entusiasmo, inteligência e sensibilidade, me ensinaram muito mais do que conseguiria agradecer. O apoio de minha família é condição para que eu possa seguir avançando nesse ensaio permanente que é minha jornada. Ana Luiza e Carolina são "o milagre divino que faz existir a estrada".

José Garcez Ghirardi

Apresentação

Conheci o professor José Garcez Ghirardi em 2012, em uma reunião docente de início de semestre letivo na FGV DIREITO SP, quando tive a oportunidade de ministrar a disciplina eletiva "Interpretações do Brasil"; rapidamente vim a descobrir as afinidades eletivas com o prof. Garcez e sua encantadora matéria de "Artes e Direito", que, graças a ele, tive a oportunidade de lecionar por um semestre.

O fascínio pelo trabalho acadêmico de Garcez fez com que adotasse seu livro sobre Shakespeare entre os alunos de Administração Pública de primeiro semestre da EAESP. O conjunto de sua tese de doutorado, de suas publicações, de seu memorial e de suas ementas evidencia a solidez de sua formação humanística, a capacidade de trabalho coletivo e a singularidade de um olhar para o universo jurídico, desde o ponto de vista, dir-se-ia *sui generis*, dos estudos literários e da teoria da literatura. A isto se junta uma aguçada e permanente inquietação advinda de questões da filosofia política.

A versatilidade em propor relações e articulações inesperadas, não apenas de lecionar como de escrever de modo claro e ao mesmo tempo denso, consistente, pode ser flagrada nos artigos que integram este volume. Neles, vemos mais uma vez a aliança de um olhar que projeta a narrativa de clássicos da literatura ocidental para questões de fundo do mundo jurídico, da estrutura política e da ordem social.

Trata-se a meu ver de um caso exemplar do que poderia chamar de uma "bifiliação profissional". Nesta, uma área de conhecimento serve de código decifrador e de índice iluminador de outra. Talvez o caso mais emblemático disso seja Antônio Candido, um dos intelectuais fundadores e moldadores dos estudos literários uspianos, em que Garcez se formou.

Sabemos que Antônio Candido, acólito dos modernistas da Semana de 1922 e agitador intelectual nos anos 1940, por meio da revista *Clima*, formou-se na segunda geração da Escola de Sociologia de São Paulo, na esteira dos ensinamentos de Florestan Fernandes, Roger Bastide e Fernando Azevedo, sendo contemporâneo de Fernando Henrique Cardoso e de outros expoentes do pensamento sociológico paulista. A maestria de sua tese de doutorado – o primoroso e um tanto esquecido *Os parceiros do Rio Bonito* – é não só o clímax de sua formação, mas um ponto de inflexão. Depois dele, deixa as Ciências Sociais e converte-se aos Estudos Literários e, em especial, à Literatura Comparada.

Toda a obra constituída a partir de *Formação da literatura brasileira* (1959), que inclui *Literatura e sociedade* nos anos 1960, não foi fruto de um recorte fronteiriço entre um domínio especializado de saber e outro. Porosa, a "bifiliação" permitiu a incorporação da abordagem sociológica à crítica literária. Para tanto, adicionou-se à díade autor-obra um terceiro elemento, que permite ir ao "três ao um", que é o público, que é a esfera da recepção na literatura, a constituir a atividade do leitor e da crítica literária, esfera em que se atribui valor e significado ao livro.

Além disso, a virtude intelectual, e que por ilação me remete ao conjunto das publicações de Garcez, é que a sua dimensão sistematizadora da teoria coaduna-se ao fragmentário, ao parcial e ao sugestivo do ensaio. Ainda que Garcez não o invoque diretamente em nenhum momento, salvo uma ou outra referência bibliográfica, é incontornável não pensar no ensaio interpretativo fundador de 1970, que constitui "Dialética da malandragem", leitura do romance oitocentista *Memórias de um sargento de milícias*, de Manuel Antônio de Almeida, à luz do picaresco e do que Candido entende como a "desordem ordenada" constitutiva do tipo de personagem nacional – uma espécie de Macunaíma do século XIX – e do tecido das relações sociais brasileiras naquele contexto.

Tomo Candido como parâmetro orientador não apenas por sua formação comum em literatura. Outra remissão ao trabalho de Candido é sua preocupação didática, presente no livro sugestivamente intitulado *Na sala de aula*: caderno de análise literária. Embora nunca tenha se dedicado à metodologia de ensino, sabe-se que Candido foi exímio professor e nesse livro analisa seis poemas, preparados como matéria de interpretação para alunos da Faculdade de Filosofia de Assis, no final dos anos 1960. Ao apresentar o propósito do livro, ressalta que o texto escrito tem de combinar-se, para que ganhe força de totalidade e seja instrumento de trabalho do professor, ao gesto e à fala deste em sala de aula. À maneira do narrador em vias de extinção de Walter Benjamin, Candido concebe seu ofício docente como artesanato, como trabalho artesanal, cuja elaboração intelectual é fruto de uma dada personalidade.

Na sala de aula é disposto poema a poema, o que me evocou o modo estruturante do livro de Garcez *O mundo fora de prumo*: transformação social e teoria política em Shakespeare, em que nove peças de Shakespeare são dissecadas com consistência e rigor, mas também com leveza e bom humor, um dos traços da generosidade intelectual de Garcez. Sua erudição não corresponde à gravidade da circunspecção nem ao peso do hermetismo.

Talvez a aproximação mais pertinente com a obra de Garcez sejam os ensaios político-literários de um discípulo de Candido, Roberto Schwarz, este sim citado nominalmente por Garcez. Penso assim, pois a literatura é uma lente poderosa, capaz de captar interstícios, fisgar a teatralidade do mundo social, político e jurídico. A aproximação Schwarz/Garcez pode-se dar em forma e conteúdo,

XV

uma vez que a produção literária de Machado de Assis propicia pensar os desajustes estruturais entre centro e periferia capitalista na virada do século XIX para o XX no Brasil, quando o sistema-mundo tal qual o conhecemos no Novecentos se tornou mais palpável.

O desarranjo de estrutura dá-se justamente em uma articulação muito cara a Garcez, operada entre o nível do imaginário coletivo e aquele das práticas sociais. Não cabe desenvolvermos o argumento schwarziano acerca da estrutura do favor, que perverte e subverte o sentido do liberalismo no país, mas de que modo uma associação desse descompasso pode ser remetida ao modo como Garcez entende a relação triangular que sustenta o arcabouço simbólico de uma sociedade ou de um regime histórico, quais sejam, as práticas, as crenças e as instituições.

Se há convergência de conteúdo, ou de proposta, com a abordagem literária e sua capacidade de sugerir nexos inusitados ou de evidenciar as incongruências da ordem social vigente, há também um paralelo em termos de forma. Penso nisso ao observar a prevalência do ensaio como gênero. Mesmo que Garcez publique em *journals* e revistas científicas, o vezo ensaístico, cultuado pelos ingleses e monumentalizado por Montaigne, informa o modo sugestivo, criativo e provocativo de articular fenômenos à primeira vista incompatíveis ou incongruentes entre si.

Observo também que o ensaio social é fruto das leituras de cursos ministrados na Escola de Direito GV, em particular as disciplinas de graduação "Artes e Direito" e "Formação político-econômica do Estado de Direito brasileiro", em que avultam seus interesses no debate sociológico e econômico em torno do patrimonialismo e do nacional-desenvolvimentismo, recorrendo, para tanto, à linhagem dos intérpretes do Brasil.

Para além do conteúdo e do estilo autoral, quero ressaltar positivamente o fato de que a produção intelectual de Garcez, seja aquela que tematiza literatura e cultura política, metodologia de ensino ou sistemas sociais de representação, é capaz de articular agendas de pesquisa que atendem a interesses pessoais de investigação com disciplinas ministradas na Escola. Ou seja, sua pesquisa une-se de maneira inextricável à experiência de sala de aula, em nível de graduação ou pós. Longe de ser a regra entre pesquisadores-professores, essa é uma virtude notável a ser destacada em sua prática profissional.

Bernardo Buarque de Hollanda[1]

---

[1] Este texto foi composto, originalmente, como parte da generosa arguição feita pelo professor Bernardo Buarque de Hollanda quando de meu concurso de promoção na carreira, na FGV DIREITO SP. A versão aqui apresentada foi adaptada para os propósitos deste livro.

O contínuo ideológico entre Artes e Direito

Este livro propõe que o Direito pode ser melhor compreendido a partir de seu contraste com a Arte. Em um primeiro momento, essa afirmação pode parecer surpreendente. Afinal, se partirmos da compreensão mais corriqueira que se tem dos dois campos, eles irão nos parecer muito diferentes, quem sabe até mesmo antagônicos.

O Direito, afinal de contas, tem como uma de suas principais funções indicar aos membros de uma determinada sociedade quais ações são obrigatórias, permitidas ou proibidas, segundo o contexto em que se esteja. Vale dizer: ele tem o que se costuma denominar *dimensão normativa*. Para bem cumprir esse papel de ordenador dos comportamentos em sociedade, é importante que o Direito evite, o tanto quanto possível, que seus comandos sejam ambíguos ou confusos.

Por isso, é muito comum que as pessoas manifestem o desejo de que as normas jurídicas sejam claras e objetivas, de que elas possam ser compreendidas por qualquer um sem necessidade de grandes elucubrações. Para essa perspectiva, o ideal seria que todas as normas jurídicas tivessem a simplicidade que as leis de trânsito aparentam ter: se a norma diz que a velocidade máxima em determinado trecho da estrada é de 80 km/h, cometerá uma infração quem conduzir o carro acima dessa velocidade. *A regra é clara*, como diz o bordão, e, para a maioria das pessoas, é assim mesmo que deveria ser. Para o senso comum, as incertezas não devem ter lugar no Direito.[1]

Ainda sob essa perspectiva, espera-se que os tribunais decidam de modo idêntico casos que tenham, ou aparentem ter, características semelhantes. As pessoas facilmente se escandalizam quando acreditam que isso não ocorre. O senso comum reza que, ao decidir um caso, os juízes devem simplesmente aplicar a lei, sem modificá-la por causa, por exemplo, de suas convicções pessoais ou da condição social dos litigantes. Em nosso dia a dia, frequentemente vemos críticas às cortes por terem supostamente *distorcido* aquilo que a lei claramente determina. Aos olhos do cidadão comum, interpretações diferentes constituem um problema para o Direito, um problema a ser sanado.

A Arte, por outro lado, parece se caracterizar por criar objetos que convidam justamente ao surgimento de incertezas e de interpretações diferentes. Quando dois amigos discutem sobre o sentido de uma cena em um filme, ou discordam sobre a beleza ou não de

---

[1] Para os profissionais do Direito, essa expectativa de certeza é muito problemática. O exemplo das leis de trânsito é uma homenagem a um dos mais importantes e interessantes debates sobre esse tema. Em 1958, dois fabulosos juristas (Lon Fuller e H.L.A. Hart) discutiram essa ideia por meio da análise de uma norma hipotética que determinasse a proibição de veículos em um parque. (Será que ela se aplica a carrinhos de bebê, ambulâncias, bicicletas etc.?). Cf. SCHAUER, Frederick. A critical guide to vehicles in the park. *New York University Law Review*, New York, v. 83, n. 4, p. 1109-1134, out. 2008. Disponível em: http://www.nyulawreview.org/issues/volume83number-4/critical-guide-vehicles-park. O texto inicial de Hart é: HART, H. L. A. Positivism and the separation of law and morals. *Harvard Law Review*, Cambridge, v. 71, n. 4, p. 593-629, fev. 1958, e a resposta de Fuller é: FULLER, Lon L. Positivism and fidelity to law: a reply to Professor Hart. *Harvard Law Review*, Cambridge, v. 71, n. 4, p. 630-672, fev. 1958.

um determinado quadro, eles, de modo geral, não se angustiam por isso. Claro que gostariam que o outro lhe desse razão, mas, se isso não ocorrer e a divergências persistirem, não haverá entre eles nenhum sentido de mal-estar, nem qualquer reação de estranhamento. Ambos entendem que a capacidade de entender de modo diverso uma determinada obra de arte é uma das características da fruição estética.

Na verdade, tendemos a valorizar justamente aquelas obras capazes de sustentar uma grande variedade de leituras, muitas delas absolutamente diversas. Que *Dom Quixote* possa ser lido em uma chave marxista, liberal ou feminista, por exemplo, não nos diz que o romance seja mal escrito ou confuso, nem nos insinua que Cervantes não tivesse clareza sobre o que queria dizer. Pelo contrário. Admiramos ainda mais o autor porque seu texto nos permite articular tantas leituras diferentes. A sobreposição de sentidos, muitas vezes conflitantes, é vista como uma riqueza desse clássico maravilhoso. Ao contrário do que ocorre com nossas expectativas em relação ao Direito, tendemos a entender que, na Arte, as interpretações diferentes são uma virtude, não um problema.[2]

Entretanto, se as coisas são assim, como é possível que um discurso que se alimenta da indecidibilidade e da pluralidade de sentidos (Arte) possa ajudar a compreender melhor um discurso cuja função social é justamente a de produzir decisões e definir sentidos (Direito)? A diferença entre os dois campos não será de natureza tão acentuada que torna impossível sequer compará-los, quanto mais articulá-los proveitosamente?

De fato, se as coisas fossem *apenas* assim, se as percepções do senso comum que apontamos até aqui descrevessem a totalidade do funcionamento da Arte e do Direito, é muito provável que fosse

---

[2] Essa é a perspectiva mais corrente hoje mas que, como veremos, nem sempre foi hegemônica. Além disso, é claro que, também para a interpretação dos objetos estéticos, há divergência sobre o que sejam interpretações aceitáveis. Cf. ECO, Umberto. *Interpretação e superinterpretação*. São Paulo: Martins Fontes, 1993.

mesmo mais ajuizado manter separadas as reflexões sobre os dois campos. Mas, como percebemos mesmo em nosso dia a dia, a realidade é mais complexa, e por debaixo da discrepância aparente entre esses dois tipos de discurso escondem-se semelhanças muito profundas e muito importantes.

Na verdade, quando se olha mais de perto, é possível sustentar que a estrutura fundamental de cada um dos dois campos sugere mais um contínuo do que uma ruptura entre eles. É possível arguir que as narrativas do Direito e da Arte são respostas diversas a um mesmo problema de fundo, que é o do *sentido e das condições para o pleno florescimento dos indivíduos dentro das sociedades em que vivem*.[3] Em cada sociedade, as ideias que seus membros fazem do que seja *justo* e do que seja *belo* emergem, ambas, de uma mesma concepção fundante, de uma leitura matricial de mundo. A isso gostaria de chamar, neste livro, de *contínuo ideológico entre Artes e Direito*.

Dito de outra forma: tanto o Direito quanto a Arte se estruturam, de modos diversos, a partir das mesmas inquietações: o que significa a *vida humana plena* que desejamos usufruir e a que sentimos fazer jus? Que bens e valores fundamentais inclui? Quais meios são legítimos para alcançá-los? Há uma hierarquia entre esses bens, valores e meios?

Comecemos observando o modo pelo qual essas questões aparecem na Arte. Nas narrativas literárias, por exemplo, deparamo-nos recorrentemente com um herói que busca realizar um objetivo percebido como imprescindível para sua realização como indivíduo e como membro de um coletivo. Tomemos a *Odisseia* de Homero, um dos textos fundadores da literatura ocidental. Nela, Ulisses busca retornar à terra natal e retomar a vida com a esposa, Penélope, e com o filho, Telêmaco. No coração dessa jornada, há um juízo de valor: o

---

[3] Utilizo aqui a expressão *florescimento* no sentido que lhe dá Charles Taylor em TAYLOR, Charles. *Sources of the self*: the making of the modern identity. Harvard University Press, 1989. Em português: TAYLOR, Charles. *As fontes do "self"*: a construção da identidade moderna. Tradução de Adail Ubirajara Sobral e Dinah de Abreu Azevedo. 2. ed. São Paulo: Loyola, 2005.

autor da narrativa espera que aqueles que escutem ou leiam essa história compreendam e aprovem esse desejo do herói de retornar ao lar após a queda de Troia. Não era precisa justificar aos gregos do século de ouro, por exemplo, o *porquê* da jornada de Ulisses. Retornar à pátria e à família depois do período de guerras era exatamente o que se esperava de um bom grego. O desejo do protagonista pareceria imediatamente *justo* aos ouvintes ou leitores.

Se não levarmos em consideração essa premissa, teremos dificuldades para captar plenamente a tensão interna à obra. A ação só se torna envolvente porque entendemos que há algo que merece ser feito, mas cuja realização não é fácil. Os *antagonistas* do *protagonista* não apenas agem: eles agem para impedir a efetivação de um estado de coisas que entendemos ser o correto. Há, assim, um sentido de *justiça* que informa nossa compreensão de toda a narrativa. Queremos o reencontro de Ulisses com os seus familiares e compatriotas porque acreditamos que ele será instrumento para uma realização mais plena, mais justa, do herói.

É claro que o objeto da busca pode variar, e de fato varia enormemente, entre épocas, gêneros, obras. O tipo de realização que Romeu e Julieta buscam pode nos parecer completamente diferente daquele perseguido pelo médico Victor Frankenstein, no romance de Mary Shelley, ou por Bentinho, em *Dom Casmurro*. Mas isso não altera o fato de que todos esses personagens, cada um a sua maneira, se movem em busca de algo que lhes é crucialmente importante. Para que possamos entender a narrativa, temos que perceber que essa busca por realização, por pleno florescimento, existe e que ela é, a um tempo, *relevante* (ou seja, o valor perseguido importa, caso contrário tenderemos a considerá-la tola) e *justa* (ou seja, é legítimo que alguém deseje realizar-se dessa forma, ainda que, pessoalmente, talvez não desejássemos fazê-lo).

Voltemos a Ulisses. Ao longo da narrativa, ele encontra empecilhos de várias ordens para a concretização de seu plano de retorno: sua jornada estará repleta de obstáculos de ordem prática, dilemas morais, intervenções de deuses e semideuses, acidentes etc. Para dar conta desses empecilhos, o herói dispõe de um número finito de recursos legítimos de que pode lançar mão. Isto é: há coisas que ele está autorizado a fazer, mas há também soluções que, embora talvez factíveis do ponto de vista prático, não são legítimas, do ponto de vista moral, como resposta às agruras vividas.

Ele pode, por exemplo, mentir e enganar ao gigante Polifemo, mas não pode – sem incorrer em censura por ter agido como *vilão* – desrespeitar os códigos de hospitalidade tão importantes para os povos gregos. A jornada de Ulisses é composta pela tensão entre os bens que ele persegue, os valores que tais bens expressam e os meios de que ele pode se valer para triunfar. O que faz do herói uma síntese de sua época é a luta por conquistar bens e afirmar valores que o constituem como sujeito respeitando os limites que advêm de um restrito arsenal de recursos admissíveis.

As narrativas literárias são, assim, um exemplo dos modos como as obras de Arte podem nos ajudar a perceber valores. Por isso, elas propõem, ainda que implicitamente, critérios para julgar se o herói tem direito (ou não) a um tipo de realização, se é justo ou injusto que seja bem-sucedido em sua jornada.[4] Na expressão artística, é sempre possível ler, de modo mais ou menos explícito, um sentido para o humano. Por esse motivo, há nela, também, um liame profundo entre a noção implícita de sujeito e o sentido de justiça ou injustiça de seus atos. Voltaremos a esse ponto mais adiante.

Examinemos agora como essa mesma questão, a saber, do sentido e das condições para o pleno florescimento dos indivíduos dentro das sociedades em que vivem, emerge no Direito. Embora o empolado do discurso e o técnico das normas às vezes o ocultem, existe

---

[4] Em exemplo clássico desse tipo de utilização da literatura para a compreensão das matrizes ideológicas que moldam as sociedades, Antônio Candido nos ensina que "[u]m dos maiores esforços das sociedades, através da sua organização e das ideologias que a justificam, é estabelecer a existência objetiva e o valor real de pares antitéticos, entre os quais é preciso escolher, e que significam lícito ou ilícito, verdadeiro ou falso, moral ou imoral, justo ou injusto, esquerda ou direita política e assim por diante". Cf. CANDIDO, Antônio. Dialética da malandragem. *In*: *O discurso e a cidade*. São Paulo: Duas Cidades, 1970. p. 47-48.

também no discurso jurídico uma tensão entre *bens, valores e meios*. As normas legais de uma sociedade surgem para preservar alguns *bens* que ela considera terem grande valor. A *liberdade* de cada indivíduo, por exemplo, é percebida como um bem fundamental (ao menos em teoria) pela quase universalidade dos sistemas jurídicos nacionais. Sua importância parece mesmo autoevidente, isto é, tão indiscutível que não é necessário explicitar o porquê de ser *justo* defendê-la.

Entretanto, mesmo um bem tão fundamental como esse – ou melhor, sobretudo um bem tão fundamental como esse – se articula a partir de uma noção muito específica do que signifique *ser humano*. Contemporaneamente, é comum entendermos que não podemos nos realizar plenamente se não pudermos escolher, por nós mesmos, nossos objetivos de vida e nossa estratégia para alcançá-los. A capacidade de autodeterminar-se acaba se misturando com as noções centrais de identidade e de individualidade de tal modo que negar a liberdade parece equivaler a negar o humano.

John Rawls é autor de uma formulação que muitos entendem sintetizar perfeitamente essa ideia: "[e]ach person is to have an equal right to the most extensive total system of equal basic liberties compatible with a similar system of liberty for all".[5] A liberdade individual é tão importante que ocupa o lugar de primeiro princípio em seu instigante *Uma teoria da justiça*.[6]

A perspectiva de Rawls só parecerá axiomática, entretanto, àqueles que abraçarem a ideia de que nós, seres humanos, somos essencialmente *agentes livres*[7] e de que essa é uma condição indispensável para nosso pleno florescimento. Para muitos de nós, isso soará razoável. Mas a ênfase particular na liberdade individual não foi sempre dominante, quer no tempo, quer no espaço.

---

[5] RAWLS, John. *Uma teoria da justiça*. Tradução de Almiro Pisetta e Lenita Maria Rímoli Esteves. 2. ed. São Paulo: Martins Fontes, 2002. § 46, p. 333.
[6] RAWLS, John. *Uma teoria da justiça*, cit., p. 64 e mais detalhadamente em p. 266 e ss.
[7] TAYLOR (2005).

Diferentes períodos e diferentes sociedades entenderam e entendem esse valor de modo muito diferente. O embate entre Lutero e Erasmo sobre o livre-arbítrio, no início do século XVI, ajuda-nos a entender o caráter histórico, construído, da noção de liberdade que temos hoje.[8] Quando estranhamos os argumentos, e a forma de argumentar, desses dois famosos pensadores, damo-nos conta também de que, para eles, o argumento de Rawls *não seria* autoevidente.

Isso nos revela que há uma narrativa primeira, anterior, embasando os comandos jurídicos que protegem a liberdade. Essa narrativa, que não vem à superfície senão raramente nos textos jurídicos e, com frequência um pouco maior, nas decisões judiciais, é, entretanto, indispensável para o funcionamento do Direito e de suas instituições. Para ordenar a sociedade e regular os comportamentos dos indivíduos, o Direito precisa de uma narrativa que lhe diga o que sejam sociedade e indivíduos, qual sua finalidade (se houver), quais seus bens e valores fundamentais.

Deriva dessa narrativa de fundo a forma de o Direito se realizar em cada sociedade. Ela vai determinar, por exemplo, aquilo que deve ser objeto de regulação jurídica e aquilo que não deve; as condições para que uma pessoa se torne um *sujeito de direitos*; o tipo de procedimento de adjudicação; a relação entre procedimento e substância nas questões jurídicas etc. À semelhança das narrativas literárias, essa narrativa jurídica também supõe um sujeito (coletivo e individual) em busca de realização que só pode ser efetivada a partir de um repertório finito de meios permissíveis.

Por fim, importa não esquecer que Arte e Direito coexistem no tempo e emergem a partir e dentro de uma mesma sociedade.[9]

---

[8] *On the bondage of the Will* (latim: *De Servo Arbitrio*, literalmente, "On un-free will", ou "Concerning bound choice"), de Martinho Lutero, foi publicado em 1525. Foi sua resposta para *De libero arbitrio diatribe sive collatio* ou *On free will*, publicado em 1524, que foi o primeiro ataque público de Erasmo a Lutero.

[9] ADORNO, Theodor W. *Teoria estética*. Tradução de Artur Mourão. 2. ed. Lisboa: Edições 70, 2012, e HAUSER, Arnold. *História social da literatura e da arte*. 2. ed. São Paulo: Mestre Jou, 1972.

O Direito está imerso no mesmo conjunto de crenças e valores, com enorme frequência, contraditórios, em que se insere a Arte. O fato de a função social de cada um dos discursos ser muito diversa não altera essa condição de base. Na verdade, quando adotamos a perspectiva de que Direito e Arte são dois tipos de resposta a um mesmo problema, temos a possibilidade de entender melhor, pelas diferenças que apresentam, o que há de específico em suas respostas particulares. Ao mesmo tempo, podemos também refinar, pelas convergências que encontrarmos, nosso entendimento da própria questão de fundo com que ambos se debatem.

REFERÊNCIAS

ADORNO, Theodor W. *Teoria estética*. Tradução Artur Mourão. 2. ed. Lisboa: Edições 70, 2012.

CANDIDO, Antônio. Dialética da malandragem. *In*: *O discurso e a cidade*. São Paulo: Duas Cidades, 1970.

ECO, Umberto. *Interpretação e superinterpretação*. São Paulo: Martins Fontes, 1993.

FULLER, Lon L. Positivism and fidelity to law: a reply to Professor Hart. *Harvard Law Review*, Cambridge, v. 71, n. 4, p. 630-672, fev. 1958.

HART, H. L. A. Positivism and the separation of law and morals. *Harvard Law Review*, Cambridge, v. 71, n. 4, p. 593-629, fev. 1958.

HAUSER, Arnold. *História social da literatura e da arte*. 2. ed. São Paulo: Mestre Jou, 1972.

RAWLS, John. *Uma teoria da justiça*. Tradução de Almiro Pisetta e Lenita Maria Rímoli Esteves. 2. ed. São Paulo: Martins Fontes, 2002.

TAYLOR, Charles. *As fontes do "self"*: a construção da identidade moderna. 2. ed. Tradução de Adail Ubirajara Sobral e Dinah de Abreu Azevedo. São Paulo: Loyola, 2005.

TAYLOR, Charles. *Sources of the self*: the making of the modern identity. Harvard University Press, 1989.

Artes e Direito:
a busca de novos diálogos

Um homem e um leão discutiam. O homem proclamava a superioridade da raça humana, ao passo que o leão defendia a supremacia dos seus. Enquanto debatiam, o homem apresentou, como prova de seu argumento, uma estátua em que um leão era subjugado por um homem. O leão respondeu: "Se também nós leões fôssemos escultores, você veria mais imagens de homens derrotados por leões do que o inverso".[1]

    Com a simplicidade e o engenho tão típicos de Esopo, a pequena fábula acima nos ajuda a entender algumas das questões centrais para o diálogo entre as Artes e o Direito. Ela nos ensina, em primeiro lugar, que as obras de arte refletem, pelo anverso ou pelo avesso, a cultura, os valores e a visão de mundo daqueles que as produzem. Estátuas esculpidas por leões contariam uma história muito diferente da que se depreende daquelas feitas por mãos humanas. E essa diferença se dá não porque os humanos produzam obras deliberadamente mentirosas (embora isso possa ocorrer, é claro), mas porque, como astutamente observa o leão, eles muitas vezes sequer desconfiam dos pressupostos inscritos em sua forma de expressão.

---

[1] Tradução livre do autor a partir de AESOP'S FABLES: a new translation by Laura Gibbs. Oxford: Oxford University Press, 2002 (World's Classics). Texto original: "A man and a lion were arguing. The man proclaimed the superiority of the human race, while the lion argued on behalf of his own kind. As they were contending with one another as to who was superior, the man produced as evidence the statue of a lion being defeated by a man. The lion retorted, 'And if there were also sculptors among us lions, you would see more people being conquered by lions than lions by people!'".

Eles não se dão conta daquilo que poderíamos chamar de *dimensão ideológica* da Arte. Conforme insinua o leão, as obras de arte parecem dizer mais sobre seus autores, seus intérpretes e a forma como entendem o mundo do que sobre o mundo em si.

Mas isso não é tudo. A fábula nos diz também que a estátua serviu (ou assim desejava o homem) para dirimir uma disputa, para resolver uma controvérsia entre indivíduos que, embora coexistindo no mesmo espaço, têm origens, valores e experiências díspares. No momento em que esses elementos entram em conflito, a obra de arte é apresentada como elemento para justificar ou autorizar uma visão de mundo sobre outra. O mero fato de essa obra existir, de se erguer imponente diante dos dois viajantes, é interpretado pelo homem como prova incontestável de que o mundo real é assim, de que é da natureza das coisas os humanos serem superiores aos leões.

Seu argumento tem como premissa a crença de que a Arte é *mimética*, isto é, de que ela representa a realidade como de fato é. Se o artista empregou seu tempo e talento para produzir essa imagem específica, foi porque ele quis representar algo de muito importante que caracteriza o mundo real – no caso, o domínio dos seres humanos sobre toda a natureza. Ele quis traduzir, em linguagem estética, uma realidade que existe para além dos limites do estético. Que alguém tenha fornecido os recursos para que ele a esculpisse, e que as sociedades humanas tenham uma tradição de formar escultores, apenas confirma a importância da arte como veículo para a expressão de uma verdade política, em sentido amplo, que deve se impor e ser aceita por todos, humanos ou leões.

O companheiro de viagem não concorda com essa leitura, que, a seu ver, é bastante ingênua. Na verdade, a mensagem que ele retira da obra é a de que *a história é escrita pelos vencedores*. Essa interpretação divergente, entretanto, não significa que ele não atribua sentido ou importância à estátua. Pelo contrário, ambos os debatedores concordam que a obra de arte é um tipo de discurso sobre o mundo que deve ser levado a sério. Se não fosse assim, nem o homem se apressaria em empregá-lo como elemento autorizador de seus argumentos, nem o leão se preocuparia em questionar-lhe a interpretação. Tanto um quanto o outro concordam que existe uma mensagem na obra de arte e que essa mensagem é relevante para a vida quotidiana – o fato de discordarem não esconde esse fato, apenas o reforça.[2]

O reconhecimento dessa importância do objeto artístico para além do campo estético é o que se costuma denominar prestígio social da Arte (que varia em sentido, forma e intensidade ao longo da História),[3] isto é, a percepção de que ela pode ser um instrumento poderoso para criar, confirmar ou refutar valores, para reforçar ou solapar o caráter hegemônico de certas ideias. As observações de Platão quanto ao potencial corruptor da poesia, bem como suas considerações sobre a música como instrumento didático para os jovens da República, constituem um dos testemunhos mais conhecidos, e importantes, do reconhecimento dessa dimensão política da Arte.[4]

Mas, se é talvez possível aceitar, sem grande dificuldade, a ideia de que a Arte goza de prestígio social e de que isso a faz relevante para lá de limites meramente estéticos, é muito menos fácil compreender ou mapear a origem de tal prestígio. Por que atribuímos valor a obras de arte? Por que nos importamos tanto com esses objetos que são, na maioria das vezes, completamente destituídos de qualquer utilidade prática? Essa indagação ecoa nos versos maravilhosos de Fernando Pessoa, que nos trazem também uma intuição de resposta:

---

[2] Cf. OST, François. *Contar a lei:* as fontes do imaginário jurídico. São Leopoldo: Unisinos, 2005, e CASTORIADIS, Cornelius. *A instituição imaginária da sociedade.* Rio de Janeiro: Paz e Terra, 1982.
[3] Cf. ADORNO, Theodor W. *Teoria estética.* Tradução de Artur Mourão. 2. ed. Lisboa: Edições 70, 2012.
[4] Cf. *Ion* (*in*: PLATÃO. *Diálogos. Platão.* Tradução de Edson Bini. Edipro, 2010) e *A República* (Organizador: Jacó Guinsburg. São Paulo: Perspectiva, 2006).

Às vezes, em dias de luz perfeita e exata,
Em que as cousas têm toda a realidade que podem ter,
Pergunto a mim próprio devagar
Por que sequer atribuo eu
Beleza às cousas.

Uma flor acaso tem beleza?
Tem beleza acaso um fruto?
Não: têm cor e forma
E existência apenas.
A beleza é o nome de qualquer coisa que não existe
Que eu dou às coisas em troca do agrado que me dão.
Não significa nada.
Então por que digo eu das cousas: são belas?[5]

Porque digo eu das coisas: são belas? Filósofos de diferentes épocas se debruçaram exatamente sobre essa questão – e ofereceram um tesouro de respostas diversas.[6] No comum da vida, sentimos, entretanto – talvez à semelhança de Fernando Pessoa –, que as explicações teóricas, por mais sofisticadas que sejam, não conseguem elucidar de uma vez por todas o fato de que espontaneamente dizemos, e que nos importa dizer, que as coisas são belas.

Mais do que isso. Dizemos muitas vezes que algumas coisas são importantes *porque* são belas, e simplesmente por serem belas. Essa beleza lhes justifica a existência e lhes confere um valor inestimável. A poesia de John Keats afirma que as coisas belas são uma alegria eterna, e a prosa de Dostoiévski proclama que "a beleza salvará o mundo".[7]

---

[5] PESSOA, Fernando. *Obra poética*. Rio de Janeiro: Nova Aguilar, 1986. p. 218 (Alberto Caeiro, *O Guardador de Rebanhos*).
[6] Cf. EAGLETON, Terry. *A Ideologia da estética*. Rio de Janeiro: Jorge Zahar, 1993.
[7] Dostoiévski em *O idiota*; Keats: "A thing of beauty is a joy forever".

Sigmund Freud radicaliza ainda mais essa ligação inescapável entre a beleza e a plenitude da vida humana: "não há nenhuma utilidade evidente para a beleza mas, no entanto, a civilização não se faria sem ela".[8]

Essa conexão entre civilização e sensibilidade estética aponta, ainda uma vez, para a importância da Arte e para o caráter central do *Belo* na forma como experimentamos e compreendemos as coisas. Muito embora os padrões de beleza variem entre sociedades e ao longo do tempo, a sensibilidade a seus apelos parece estar presente onde quer que haja vida humana. As raízes dessa sensibilidade, o modo pelo qual ela se estrutura e manifesta, tocam o fundo do arcabouço ideológico de cada sociedade e participam dos elementos psicológicos que compõem a visão de mundo de cada sujeito.[9]

As crianças, de fato, reconhecem e respondem ao Belo antes que sejam formalmente ensinadas a fazê-lo. Elas tendem a se identificar espontaneamente com personagens que acreditam serem formosos, querem que reconheçamos que seus rabiscos são muito elegantes e exigem que seus pais as vistam de forma a que fiquem bonitas. E esse desejo de serem percebidas como *bonitas*, é importante notar, não se resume à busca de um ideal estético. Ele tem também uma dimensão moral.

De fato, ao associarem sistematicamente o sentido de beleza à forma como percebem seu valor individual, as crianças manifestam a permanência, em nossa cultura, de uma aproximação muito poderosa entre o *belo* e o *bom*.[10] Desde muito cedo, elas entendem *bonito*

---

[8] "There is no very evident use in beauty; the necessity of it for cultural purposes is not apparent, and yet civilization could not do without it". Em outra passagem na mesma obra, ele pondera sobre "the interesting case in which happiness in life is sought first and foremost in the enjoyment of beauty". Cf. FREUD, Sigmund. Civilization and its discontents [1929]. *In: Complete psychological works of Sigmund Freud*. W. W. Norton & Company, 1989.
[9] Um trabalho clássico sobre o tema é *The sense of beauty*, de George Santayana (Dover Publications, 1955).
[10] Essa conexão entre os conceitos tem, como se sabe, uma tradição muito longa na história da filosofia – cf. ECO, Umberto. *História da beleza*. Rio de Janeiro: Record, 2010.

como um elogio e *feio* como uma reprimenda ou censura. Elas articulam uma conexão entre valor moral e valor estético, entre correção e beleza, entre *belo* e *justo*. Frequentemente, quando contrariados em seus desejos, os pequenos ficam amuados e protestam "*Isto não é justo!*"; os pais, por sua vez, descontentes com a cena, repreendem: "*Que feio!*".

E essa articulação funciona, é claro, nos dois sentidos: se uma ação é justa, ela é também necessariamente bela; se é bela, é necessariamente justa. As bruxas de Macbeth são nefastas justamente porque querem inverter ou embaralhar essa relação quando dizem, logo ao início da peça: "fair is foul and fould is fair" – trecho que desafia os tradutores justamente porque, em inglês, o adjetivo *fair* pode querer dizer tanto *justo* como *belo*, enquanto *foul* pode significar tanto feio como injusto.

Nem é preciso enfatizar que, à semelhança do que ocorre com o sentido de beleza (*por que digo eu das coisas: são belas?*), também o sentido de justiça nos desafia, talvez justamente por estar tão profundamente arraigado em nosso modo de ver o mundo. Ainda mais, as duas categorias parecem guardar algum tipo de conexão profunda, parecem pertencer a algum tipo de contínuo ideológico que as aproxima sem, no entanto, reduzir uma à outra. Ambas são categorias que articulamos desde muito cedo, que organizam nossa percepção de mundo ainda antes de nosso ingresso nos mecanismos formais de educação.

As ideias de *belo* e de *justo* surgem, assim, algo paradoxalmente, como sendo ao mesmo tempo autoevidentes e difíceis de explicar. A tentativa de compreendê-las levou os filósofos, muitas vezes, a separarem os dois termos (muito embora reconhecendo-lhes importantes pontos de contato), e essa prática fez surgir, na reflexão sobre o *belo*, as teorias estéticas, e, na reflexão sobre o justo, as teorias da justiça.

Porque o Direito se ocupa, de maneira muito particular, com a questão do justo, alguns de seus estudiosos buscaram reaproximar os dois conceitos em suas reflexões sobre o fenômeno jurídico.

Eles acreditavam que seria possível entender melhor as instituições e os discursos da justiça se contrastados com seus paralelos no campo da Arte. Para ficarmos apenas na cena contemporânea, foi sobretudo a partir da obra de Richard Posner que o debate sobre as relações entre a Arte e o Direito se intensificou mais fortemente, produzindo um número de publicações, cursos e seminários que tem crescido de forma exponencial nos últimos anos. Seu influente *Law and literature* (1973) estabelece duas linhas de investigação que ainda hoje reverberam nos debates sobre as relações entre o jurídico e o estético.

A primeira dessas linhas observa o Direito como objeto da arte.[11] Ela busca examinar os modos como fenômenos jurídicos aparecem representados nas diferentes linguagens artísticas – literatura, pintura, cinema etc. – e a forma pela qual essas representações nos permitem conhecer melhor os mecanismos que fazem funcionar as leis. Um bom exemplo dessa perspectiva que toma o Direito como objeto da arte são os estudos sobre os dispositivos jurídicos que surgem nas peças de Shakespeare[12] ou nos romances do século XIX.[13]

Outra vertente bastante comum dentro dessa primeira perspectiva de Direito como objeto da Arte são os estudos que se dedicam à análise de peças e filmes cujo tema central é um embate de natureza jurídica (há, por exemplo, uma profusão de estudos sobre *Antígona*, de Sófocles, e sobre *O mercador de Veneza*, de Shakespeare). A bibliografia na área é extensa e cresce

---

[11] No caso específico de Posner, como tema ou assunto da literatura, cf. POSNER, Richard. Law and literature: a relationship reargued. *Virginia Law Review*, Virginia, v. 72, n. 8, nov. 1986. p. 1351 e ss.

[12] *The law in Shakespeare* (2007) reúne vários estudos dessa natureza, v.g., "Cast out of Eden: property and inheritance in Shakespearean drama" ou "The amending hand: Hales v. Petit, Eyston v. Studd, and equitable action in Hamlet".

[13] Um exemplo desse tipo de aproximação é ABRAMOWICZ, Sarah. *The impossible contract*: law, parentage, and the Victorian novel. Columbia University Press, 2007.

rapidamente.[14] Diversas universidades oferecem disciplinas relacionando cinema e Direito. Os Estados Unidos têm um importante debate nesse campo,[15] assim como a França[16] e outros países europeus. No Brasil, os estudos sobre as relações entre cinema e Direito têm se multiplicado nos últimos anos, e diversas instituições oferecem cursos e seminário na área.[17]

A segunda linha de investigação é a que pensa o próprio Direito como forma de Arte. A mais conhecida de suas vertentes é a que propõe pensar o texto jurídico como texto literário (*Law as literature*, na conhecida fórmula de Posner).[18] Ela pode explorar, por

---

[14] Cf. GREENFIELD, Steve; OSBORN, Guy. *Film and the law*: the cinema of justice. Hart Publishing (2001), 2010.

[15] O *Law in Film* Seminar, curso oferecido pela Universidade de Maryland, nos EUA, ilustra bem algumas das principais preocupações dessa linha de investigação: "Students in this seminar will explore the use of storytelling in film, especially documentary films, to influence viewers' opinions about the function of law in society by examining legal decisions, statutes and legal commentaries in the context of films, including classic, contemporary mainstream, foreign, documentary and independent films". Disponível em: http://www.law.umaryland.edu/academics/program/curriculum/catalog/course_details.html?coursenum=599B.

[16] Cf. http://www.droit-justice-cinema.fr/.

[17] Exemplos disso são as obras *O direito no cinema*, de Gabriel Araújo de Lacerda, e *Os advogados vão ao cinema*, coordenada por José Castro Roberto Neves, os seminários coordenados pela professora Juliana Neuenschwander Magalhães na UFRJ e também a Rede Brasileira Direito e Literatura, fundada em 2014. Além desses, há também a disciplina eletiva Cinema e Direito do Trabalho, oferecida na FDUSP pelo professor Jorge Luiz Souto Maior, e a inclusão desses debates na matéria Introdução ao Estudo do Direito ministrada pela professora Mara Regina de Oliveira, que também escreve o verbete sobre Direito e Cinema da *Enciclopédia jurídica da Pontifícia Universidade Católica de São Paulo*, disponível em: https://enciclopediajuridica.pucsp.br/verbete/89/edicao-1/direito-e-cinema.

[18] A Rede Brasileira Direito e Literatura, citada na nota anterior, empreendeu projeto de pesquisa, publicado por André Karam Trindade e Luísa Giuliani Bernsts, em que traçam as raízes desse movimento no Brasil e expõem um panorama atual da pesquisa em Direito e Literatura. "O estudo do direito e

exemplo, a dimensão teatral dos julgamentos ou, alternativamente, o uso de obras de arte para a autorização de argumentos jurídicos (como no caso do uso do poema "Mending wall", de Robert Frost, nos debates da Suprema Corte norte-americana).[19]

Com frequência, essa perspectiva examina também as semelhanças e diferenças entre os modos de construir e interpretar textos literários e textos jurídicos. Aqui, o exemplo mais conhecido talvez seja o longo e instigante debate entre Ronald Dworkin e Stanley Fish sobre a tese do primeiro de que o processo de formação da jurisprudência é semelhante à redação coletiva de um romance (a famosa metáfora dworkiana do *romance em cadeia*).[20]

Essas duas linhas predominantes no debate contemporâneo entre Artes e Direito centram suas atenções, portanto, quer nos temas jurídicos conforme interpretados por artistas (direito na arte), quer no uso de estratégias características da Arte para a construção do discurso jurídico (direito como arte). Desse modo, elas partem de dois objetos ou campos entendidos, ao menos em um momento inicial, como claramente distintos e definidos para, então, buscar estabelecer pontos de contato entre eles. Elas procuram demolir as fronteiras que estão implícitas na origem do argumento da aproximação. O elemento de contato é o objetivo final, não o princípio da jornada.

---

literatura no Brasil: surgimento, evolução e expansão" está disponível em: http://rdl.org.br/seer/index.php/anamps/article/view/326/pdf. Novamente entre as disciplinas eletivas da FDUSP há um exemplo de como o tema vem ganhando espaço na formação jurídica: a disciplina Filosofia do Direito 2, sob coordenação do professor Dr. Ari Solon, aborda o tema Direito e Literatura.

[19] DOLIN, Kieran. Introduction to law and literature: walking the boundary with Robert Frost and the Supreme Court. In: *A critical introduction to law and literature*. Cambridge: Cambridge University Press, 2007. p.1-16. Disponível em: http://www.austlii.edu.au/au/journals/UWALawRw/2003/12.pdf.

[20] Cf. Working on the chain gang: interpretation in law and literature. In: FISH, Stanley. *Doing what comes naturally*. Durham-London, Duke University Press, 1989.

Em que pese a inegável contribuição de tais abordagens, é possível sugerir que os estudos nessa área podem também se mostrar muito proveitosos se adotarmos a estratégia inversa, isto é, se buscarmos identificar elementos que, sendo prévios tanto à formalização da Arte quanto à do Direito, permitem que os dois campos sejam bem-sucedidos como formas sociais de expressão e ação. Em outros termos, poderemos aprender muito sobre os dois campos se buscarmos o contínuo ideológico que antecede sua diferenciação e que determina os modos particulares de sua diferenciação e convergência. O trabalho de François OST,[21] também bastante conhecido entre os brasileiros, é um dos marcos referenciais desse modo de pensar, que, a meu ver, parece mais produtivo.

Talvez um exemplo ajude a deixar mais clara a ideia de *contínuo ideológico*: os heróis de Homero, de Dostoiévsky e de Proust, por exemplo, são marcadamente diferentes em múltiplas dimensões. Todos eles funcionam como criação literária, entretanto, não apenas porque os leitores compreendem o sentido de sua jornada, o sentido de sua busca, mas porque entendem que esse sentido é, de certa forma, também o sentido da jornada daquele que lê: entendem o embate, que apontamos acima, entre o desejo de pleno florescimento e os múltiplos obstáculos (externos e internos) à sua realização. A celebrada atualidade dos clássicos testemunha a permanência, através do tempo, tanto de certos nódulos narrativos centrais como das tensões entre os valores a que eles dão forma.

O mesmo vale para as artes plásticas, é claro: os ícones medievais, o impressionismo francês e as imagens de Banksy, tão díspares entre si, parecem relevantes e – mais do que isso – reveladores, para muitos nas sociedades em que surgiram (e não apenas para elas). Argumento semelhante se poderia fazer para a música, a escultura, o cinema ou da dança. Mesmo a chamada arte transgressora só funciona porque, por um lado, toma como pressuposto para a ruptura pretendida um conjunto estabelecido de valores e, por outro, porque articula, em seu esforço de transgressão, dicções e contravalores que,

---

[21] OST, François. *Contar a lei*, cit., p. 9-60.

conquanto não hegemônicos, fazem parte do repertório de formas e ideias possíveis dentro de determinado grupo social.

De maneira análoga, a aceitação social de diferentes formas de justiça (bem como sua contestação e transformação) só pode também ser entendida dentro do horizonte dos valores que as estruturam e que buscam implementar. A ordália, o júri pelos pares e a arbitragem só funcionaram e funcionam porque dotados de sentido para os contextos em que surgiram. O sentimento, muitas vezes expresso pelo senso comum, de que certas formas de administrar justiça eram primitivas ou bárbaras indica apenas que esse sentido antigo se perdeu quando da emergência de um contexto novo. As transformações do estético e do jurídico refletem e moldam transformações dos valores sociais que lhes dão origem.

As transformações se dão a partir do modo de compreender categorias fundamentais da vida como são, por exemplo, a subjetividade, o coletivo, a Natureza, o transcendente. Essas categorias, cuja lenta formação e consolidação antecedem e extrapolam em muito os limites dos dois campos de que vamos tratando, informam-lhes, entretanto, a condição de validade como formas sociais.

Ao mesmo tempo, justamente por constituírem um estrato anterior à sua diferenciação, tais categorias também permitem compreender melhor a gênese e o processo de diferenciação da Arte e do Direito. No dizer elegante de François OST, elas permitem examinar essa "diferença de porte: enquanto a literatura [poderíamos dizer, a Arte] libera os possíveis, o direito codifica a realidade, a institui por uma rede de qualificações convencionadas, a encerra num sistema de obrigações e interdições".[22] E isso se dá porque a Arte incorpora, mas deixa em aberto, como indecidíveis ou polissêmicos, os mesmos elementos (v.g., valores, ideias de ordem, autoridade) que o Direito incorpora em seu intuito de servir como elemento para a decisão. A certeza jurídica e a incerteza da Arte se articulam a partir dos mesmos elementos, embora se manifestem de modo diferente em cada arena.

---

[22] OST, François. *Contar a lei*, cit., p. 13.

Por isso, parece necessário que os estudiosos, do Direito e da Arte, intensifiquem e aprofundem essa reflexão a partir do complexo – e sempre disputado – contínuo ideológico que se manifesta em ambos os termos. Para os teóricos do Direito, implica que se evite absolutizar, nesse diálogo, a lógica verbal como matriz para as aproximações entre os campos ou sacrificar o polissêmico da linguagem artística às necessidades da certeza jurídica. Implica estar aberto a uma reflexão que se estrutura exatamente a partir dessa instabilidade. Instabilidade que, com suas perguntas, pode talvez, paradoxalmente, apontar caminhos mais claros para as perplexidades atuais do Direito do que as respostas que elas têm contemporaneamente recebido.

REFERÊNCIAS

ABRAMOWICZ, Sarah. *The impossible contract*: law, parentage, and the Victorian novel. Columbia University Press, 2007.

ADORNO, Theodor W. *Teoria estética*. Tradução de Artur Mourão. 2. ed. Lisboa: Edições 70, 2012.

Aesop's fables: a new translation by Laura Gibbs. Oxford: Oxford University Press, 2002 (World's Classics).

CASTORIADIS, Cornelius. *A instituição imaginária da sociedade*. Rio de Janeiro: Paz e Terra, 1982.

DOLIN, Kieran. Introduction to law and literature: walking the boundary with Robert Frost and the Supreme Court. *In*: *A critical introduction to law and literature*. Cambridge: Cambridge University Press, 2007. p.1-16. Disponível em: http://www.austlii.edu.au/au/journals/UWALawRw/2003/12.pdf.

EAGLETON, Terry. *A Ideologia da estética*. Rio de Janeiro: Jorge Zahar, 1993.

ECO, Umberto. *História da beleza*. Rio de Janeiro: Record, 2010.

FISH, Stanley. Working on the chain gang: interpretation in law and literature. *In*: FISH, Stanley. *Doing what comes naturally*. Durham-London, Duke University Press, 1989.

FREUD, Sigmund. Civilization and its discontents [1929]. *In*: *Complete psychological works of Sigmund Freud*. W. W. Norton & Company, 1989.

GREENFIELD, Steve; OSBORN, Guy. *Film and the law*: the cinema of justice. Hart Publishing (2001), 2010.

OLIVEIRA, Mara Regina de. Direito e cinema. In: *Enciclopédia jurídica da PUCSP*. Tomo Teoria geral e filosofia do direito. Edição 1, abr. 2017. Disponível em: https://enciclopediajuridica.pucsp.br/verbete/89/edicao-1/direito-e-cinema.

OST, François. *Contar a lei*: as fontes do imaginário jurídico. São Leopoldo: Unisinos, 2005.

PESSOA, Fernando. *Obra poética*. Rio de Janeiro: Nova Aguilar, 1986. (Alberto Caeiro, *O Guardador de Rebanhos*).

PLATÃO. *A República*. Organização de Jacó Guinsburg. São Paulo: Perspectiva, 2006.

PLATÃO. *Diálogos*. Tradução de Edson Bini. Edipro, 2010.

POSNER, Richard. Law and literature: a relationship reargued. *Virginia Law Review*, Virginia, v. 72, n. 8, nov. 1986.

SANTAYANA, George. *The sense of beauty*. Dover Publications, 1955.

TRINDADE, André Karam; BERNSTS, Luísa Giuliani. O estudo do direito e literatura no Brasil: surgimento, evolução e expansão. *Anamorphosis – Revista Internacional de Direito e Literatura*, v. 3, n. 1, jan./jun. 2017. Disponível em: http://rdl.org.br/seer/index.php/anamps/article/view/326/pdf.

Deus confia em nosso bom senso:
experiência como crítica à autoridade no *Conto da mulher de Bath*

INTRODUÇÃO

"Ainda que neste mundo não existissem os ensinamentos da autoridade, a mim bastaria a experiência para falar dos males do matrimônio."[1] A afirmação que dá início ao *Conto da mulher de Bath* sugere, não obstante seu tom ligeiro, implicações de grande consequência. A partir dessa afirmação inicial busca-se sustentar que, por meio da tagarelice cômica de seu personagem, Chaucer realiza um deslocamento sutil no equilíbrio entre autoridade tradicional e experiência quotidiana que irá, em última instância, funcionar para enfraquecer a primeira e fortalecer a segunda como principal fonte de legitimação para as ações humanas.

Como é habitual em textos medievais, a estratégia de Chaucer para fazê-lo será muito cuidadosa. Umberto Eco já apontou que os autores da Idade Média fingiam estar meramente repetindo verdades

---

[1] CHAUCER, Geoffrey. *Os contos da Cantuária*. Tradução de Paulo Vizioli. T. A. Queiroz, 1991. p. 104.

estabelecidas quando estavam, de fato, inovando.[2] Isso é exatamente o que Chaucer faz. No âmbito estrutural, o autor desenvolve sua narrativa colocando o discurso da Comadre em uma moldura discursiva que age para moderar seus argumentos audaciosos, por vezes potencialmente subversivos. Ele realiza a discussão de graves questões teológicas e políticas como um exercício de humor e ironia, sendo capaz, assim, de avançar ideias ousadas sem, contudo, subscrevê-las abertamente.

No âmbito narrativo, o personagem da Comadre respeitosamente reconhece, desde o princípio, que respeitáveis filósofos e teólogos já discorreram adequadamente sobre as provações e tribulações ligadas à vida conjugal. Ela não está questionando seus ensinamentos, nem sua autoridade, tampouco sugere que eles não deveriam ser levados a sério. Os comentários e apartes com que ela ilustra esse discurso oficial, entretanto, solapam fortemente a autoridade dos próprios textos que ela está citando, na medida em que ela convida seus ouvintes a reconhecer que a "experiência, contudo, prova que não é bem assim!".[3]

Este capítulo irá desenvolver esse argumento em três seções, além desta introdução e da conclusão. A primeira (*Por que rasguei aquela folha do livro*) discute a *infirmação* da autoridade tradicional realizada pela estratégia discursiva do narrador; a segunda (*Nem todas as vasilhas são de ouro*) sustenta que a obra de Chaucer participa de ampla mudança social, que Charles Taylor chamou de *afirmação da vida quotidiana*;[4] a terceira (*O que é que as mulheres mais desejam*) sugere que a história da Comadre de Bath sintetiza a mensagem política no coração dos *Contos da Cantuária*: a experiência e a

---

[2] "[...] a cultura medieval tem o sentido da inovação, mas procura escondê-la sob as vestes da repetição (ao contrário da cultura moderna que finge inovar mesmo quando repete)." Cf. ECO, Umberto. *Arte e beleza na estética medieval*. São Paulo: Globo, [s. d.]. p. 12.

[3] CHAUCER, Geoffrey. *Os contos da Cantuária*, cit., p. 106.

[4] TAYLOR, Charles. *Sources of the self*: the making of the modern identity. Cambridge: Harvard University Press, 1989.

observação são a chave para o sucesso neste mundo. Nesse sentido, a obra de Chaucer pode ser vista como uma antecipação da perspectiva mais tarde desenvolvida por Maquiavel para sustentar suas teses políticas e seus conselhos aos príncipes.

POR QUE RASGUEI AQUELA FOLHA DO LIVRO

Um momento crucial no casamento da Comadre e Jenkin, seu amado quinto marido, é uma discussão acalorada sobre dois livros que o jovem erudito aprecia particularmente. As razões que ela oferece para enfurecer-se tanto com esses textos fornece um bom ponto de partida para entender a dinâmica da crítica de Chaucer à autoridade tradicional:

> Mas agora, por Santo Tomás, vou contar-lhes a verdade por que rasguei aquela folha do livro dele e levei a bofetada que me deixou surda. Tinha ele uma obra que noite e dia estava sempre lendo com gozo e satisfação; dizia chamar-se Valério e Teofrasto, e suas páginas lhe provocavam boas gargalhadas.[5]

Valério e Teofrasto eram autores populares na Idade Média, ambos alertando os homens contra o perigo representado pelas mulheres e pelo casamento. Eles sintetizam muitos dos argumentos misóginos correntes no tempo de Chaucer. O livro de Valério, *Dissuasio Valerii ad Rufinum ne uxorem ducat*,[6] traz uma série de anedotas para mostrar que, não importa quão charmosa uma mulher possa parecer antes do casamento, depois dele ela "irá morder como uma cobra e causar uma ferida que nenhum antídoto pode curar".[7] O de

---

[5] CHAUCER, Geoffrey. *Os contos da Cantuária*, cit., p. 111.
[6] "A *Dissuasio* aparece, pela primeira vez, em um texto do século XII, escrito por Walter Map". Cf. MAP, Walter. *de Nugis Curialium: Courtiers' Trifles*. Edited and translated by M. R. James. OUP, 1983, tradução livre.
[7] "[…] will bite like an adder and inflict a wound that no antidote can cure." *Apud* SMITH, Warren S. Satiric advice: serious or not?. *In:* SMITH, Warren S. (ed.). *Satiric advice on women and marriage:* from Plato to Chaucer. Michigan University Press, 2005. p. 22 – minha tradução.

Teofrasto, o *Liber aureolus de nuptiis* (*O livro de ouro do casamento*), adota um tom filosófico para sustentar que, se um homem for verdadeiramente sábio, jamais irá se casar. Esse texto tinha se tornado mais popular pela menção elogiosa que ele recebeu em São Jerônimo.[8]

Não surpreende, assim, que a Comadre se aborrecesse com o fato de que seu erudito marido pudesse gostar tanto de obras maldosamente voltadas contra seu gênero e que pudesse usá-las para caçoar dela. O argumento que ela avança para justificar seu aborrecimento, entretanto, é muito mais sofisticado do que se poderia talvez esperar da figura caricatural da esposa mal-humorada. Em vez de se concentrar em refutar argumentos individuais, ela questiona a própria autoridade que o marido atribui a esses textos. Sua linha crítica é bastante refinada e tem implicações que vão muito além dos *sketches* de brigas entre marido e mulher.

Utilizando-se da conhecida fábula de Esopo sobre o leão e o escultor, a Comadre desqualifica os livros que o marido "noite e dia estava sempre lendo com gozo e satisfação",[9] sustentando que eles são inevitavelmente tendenciosos porque foram escritos por homens: "Por Deus, se, em vez dos doutos nos claustros, fossem as mulheres que escrevessem as histórias, veríamos mais maldade entre os homens do que todos os representantes do sexo de Adão poderiam redimir".[10] Para além de qualquer protofeminismo que se possa desejar atribuir ao texto de Chaucer,[11] essa objeção evidencia, de maneira

---

[8] ST. JEROME. Against Jovinianus: Book I (Selections) – Theophrastus'*Golden Book of Marriage*. In: *The Geoffrey Chaucer Page*. Disponível em: http://sites.fas.harvard.edu/~chaucer/canttales/wbpro/jer-theo.html.
[9] CHAUCER, Geoffrey. *Os contos da Cantuária*, cit., p. 111.
[10] CHAUCER, Geoffrey. *Os contos da Cantuária*, cit., p. 111-112.
[11] Susan Carter sugere que "[i]t is a commonplace when teaching the Wife of Bath's Prologue and Tale to stress the anachronism of calling Chaucer a feminist... If Chaucer is not actually endorsing the strident voice he gives to the Wife, he is certainly making play with textuality, with subjectivity, and with the construction of ideas about sexuality. Despite the fact that the Catholic Chaucer presumably is not using the Wife of Bath to present his own views, he allows her to express radical ideas on gender theory and

mais profunda e problemática, a *natureza interessada* dos discursos de autoridade.

As observações da Comadre chamam a atenção para o fato de que esses veneráveis autores eram *homens* e fazem disso o elemento central para a interpretação de seu discurso. Ela lembra a todos que eles eram indivíduos enraizados no tempo, moldados por limites pessoais e temporais, e que estavam sujeitos, tanto quanto qualquer outra pessoa, a ter seus próprios preconceitos e interesses. Sua análise dos motivos subjacentes à escrita de tais textos, i.e., de *por que* eles dizem certas coisas e silenciam outras, fornece-lhe um argumento poderoso para questionar a substância de *o que* eles dizem.

Essa estratégia de historicizar os autores como chave para interpretar textos insinua o crescente prestígio do *tempo secular (secular time)* da vida quotidiana em face dos *tempos elevados (higher times)*[12] que supostamente os textos canônicos deveriam refletir. A interpretação medieval havia sido pautada pela articulação tradicional dos quatro sentidos da Sagrada Escritura: literal, tipológico, moral e anagógico.[13] Nesse esquema, o sentido pleno de eventos concretos só poderia ser compreendido dentro dessa moldura interpretativa.

No argumento da Comadre de Bath, entretanto, a dimensão histórica se torna independente e ganha precedência sobre as outras dimensões. Para utilizarmos a terminologia de Hayden, ela apresenta uma nova maneira de "combinar uma certa quantidade de 'dados', conceitos teóricos para explicar esses 'dados', e

---

to tell a tale that demonstrates some of what she has theorized" (Carter, S. Coupling the beastly bride and the hunter hunted: what lies behind Chaucer's Wife of Bath's Tale. *The Chaucer Review*, v. 37, n. 4, p. 329-345, 2003. Project MUSE, doi:10.1353/cr.2003.0010).

[12] Eu uso esses termos no sentido dado a eles em: TAYLOR, Charles. *Sources of the self*, cit.

[13] Tomás de Aquino estuda esses quatro sentidos na Suma Teológica, 1ª Parte, Questão 1, Artigo X, mas a origem deles é anterior, já estando presente na obra de Santo Agostinho.

uma estrutura narrativa para sua apresentação como um conjunto icônico de eventos presumivelmente ocorridos no passado".[14] Ela insinua, sutilmente, que a história humana possa ser fruto antes do interesse humano que dos desígnios inescrutáveis da Providência Divina.

Esse ponto de vista iria se tornar gradualmente mais popular. Mais de um século depois, Maquiavel aconselharia o Príncipe a acautelar-se das opiniões que levavam as pessoas a discursar de um modo ou de outro:

> [...] aconselhando-se com mais de um, um príncipe que não for sensato nunca chegará a um consenso das opiniões, não saberá articulá-las por sua própria conta; quanto aos conselheiros, cada qual pensará em seu interesse particular, e o príncipe não saberá corrigi-los nem entendê-los: e não pode ser de outro jeito, porque os homens sempre lhe parecerão maus se por alguma necessidade não se tornarem bons.[15]

Essa abordagem da história como fruto do tempo secular é inseparável de um novo lugar para a experiência e para a observação empírica como elementos essenciais para compreender, planejar e legitimar a ação humana. Ela ajuda a entender o crescente desconforto com a ideia do *nolumus disputare* das autoridades, que era tão palpável ao longo dos séculos XIII e XIV.[16] O Grande Cisma de

---

[14] "[...] combin[ing] a certain amount of 'data', theoretical concepts for 'explaining these 'data'', and a narrative structure for their presentation as an icon of sets of events presumed to have occurred in the past." WHITE, Hayden. *The historical imagination in nineteenth-century Europe*. Baltimore & London: John Hopkins University Press, 1973. p. IX.

[15] MACHIAVELLI, Nicolò. *O Príncipe*. Tradução de Maurício Santana Dias. Penguin/Companhia das Letras, 2010. p. 129.

[16] Cf. DUFEIL, Michel-Marie. Ierarchia: un concept dans la polémique universitaire parisienne du xiiième siècle. Miscellanea Mediaevalia, Band 12/1 Soziale ordnungen im selbstverständnis des Mittelalters Walter de Gruyter. Berlin, 1979. *In: Saint Thomas et l'histoire*. Aix-en-Provence: Presses

1378 (nove anos antes da data em que se acredita que Chaucer tenha começado a compor sua obra-prima) não ajudaria a reduzir esse desconforto. A existência de argumentos bem elaborados que sustentavam, com igual veemência, posições opostas não poderia senão colocar em dúvida a ideia de que as autoridades estavam, de fato, lutando para descobrir a verdade, com isenção, independentemente das consequências práticas de suas ponderações.

Essa conexão entre discurso de autoridade, interesses ocultos e estratégias de interpretação é a chave para capturar uma das principais características da bem-humorada crítica social levada a efeito por Chaucer no *Conto da mulher de Bath*. Ao longo de todo o *Prólogo*, nós vemos a Comadre repetidas vezes lançar mão de artifícios engenhosos para torcer o sentido dos textos de modo a acomodá-los a sua própria agenda. Algumas vezes, como vimos, ela irá descartar as implícitas acusações morais a seu comportamento dizendo que os autores não eram mulheres como ela. Outras vezes, a justificativa será a de que os autores veneráveis dizem as coisas de maneira demasiado obscura para que possam ser úteis como guias para a moralidade quotidiana:

> Não faz muito, entretanto, disseram-me que, como Cristo só compareceu uma vez a um casamento – às bodas de Cana da Galileia, –, quis ensinar-me com essa atitude que eu só deveria casar-me uma vez. Pensem também nas palavras duras que a esse propósito proferiu junto da fonte Jesus, homem e Deus, ao repreender a mulher samaritana: "Tiveste cinco maridos", disse ele, "e o homem com quem vives não é teu marido". Foram essas as suas palavras. Mas não faço a menor ideia do que querem dizer, pois não entendo por que motivo o quinto homem não era marido da samaritana. Quantos, afinal, ela podia desposar? Até hoje, pelo que eu saiba, ninguém definiu esse número. Por isso, deixo que os outros façam as suas suposições e as suas

---

universitaires de Provence, 1991 (acesso em 10 mar. 2017). Disponível em: http://books.openedition.org/pup/4476. ISBN: 9782821836891. doi: 10.4000/books.pup.4476.

interpretações; quanto a mim, o que sei é que Deus, expressamente e sem mentira, ordenou-nos claramente isto: "Crescei e multiplicai-vos!". E esse texto gentil entendo muito bem.[17]

O humor na referência a homens *discutindo* e *questionando* provavelmente não escaparia a um público bastante familiarizado com as longas *disputationes* que ocorriam nas universidades e à intricada estrutura dos sermões (em latim). O elogio de São Francisco à linguagem simples parece advir de uma percepção similar de que o povo comum não conseguia entender as orientações que os pregadores deveriam lhe oferecer.[18]

Astutamente, a Comadre se utiliza assim da suposta opacidade da doutrina para justificar sua própria interpretação da Bíblia. Ela reforça, no processo, a já mencionada ligação problemática entre o sentido dos textos e o interesse pessoal de quem os lê. O fato de que Chaucer faça isso de maneira leve, por meio de um personagem que talvez não estejamos inclinados a levar muito a sério, torna sua mensagem mais palatável, mas não diminui em nada sua contundência.

Na verdade, a Comadre não funcionaria como personagem cômico se não fosse possível perceber que ela está ridicularizando um tipo reconhecível de discurso. Seu modo direto, grosseiro, de contar sua história é divertido por causa de sua inépcia em esconder o fato de que é seu interesse próprio que governa sua interpretação. O público ri de sua rude tentativa de replicar uma dinâmica que a audiência, não obstante, reconhece como um aspecto familiar da vida social.

---

[17] CHAUCER, Geoffrey. *Os contos da Cantuária*, cit., p. 104-105.
[18] "I admonish and also exhort the very brothers that, in their sermons, their words should be pondered and chaste, for the help and the edification of the people, announcing to the faithful vices and virtues, punishment and glory in brief discourses, because while on earth, the Lord spoke in brief terms" (Rb IX,3). REDISCOVERING THE SIMPLICITY OF SAINT FRANCIS OF ASSISI... Disponível em: www.ofsnational.ca/.../NF_Simplicity-Fr.Francis.pdf.

A Comadre utiliza a mesma estratégia de validação argumentativa – sem referência à obscuridade – quando discute seu relacionamento com os maridos. Para justificar seus flertes com outros homens, ela cita Ptolomeu:

> Entre todos os homens, bendito seja o sábio astrólogo Dom Ptolomeu, que escreveu este provérbio no Almagesto: "O homem mais inteligente é aquele que não se preocupa em saber quem tem o governo do mundo". Por esse adágio se deve entender que aquele que tem o suficiente não precisa ficar reparando na felicidade dos outros. Com licença, mas aí está, velho caduco: por que tanta preocupação, se você sabe que à noite não vai passar sem a sua b****? Deve ser muito avaro o homem que não permite que um outro acenda uma vela em seu candeeiro; não é por causa disso que ele vai ter luz de menos. Se você tem o suficiente, por que vive a se queixar?[19]

O uso de Ptolomeu para justificar a promiscuidade é risível pelo abismo que há entre o *status* elevado associado aos filósofos da Antiguidade e a natureza dos motivos da Comadre, percebidos como baixos ou vis. A estrutura do argumento, entretanto, é bastante conhecida de todos: os textos antigos, de autoridade, nos ensinam como viver virtuosamente; citá-los é a forma de mostrar que o estamos fazendo. Sua utilização para justificar ações imorais é assim hilariante, justamente porque é algo que *não deveria* ser feito – o que não é o mesmo que dizer que não poderia ser feito, como o público bem percebe.

Além disso, em algumas outras ocasiões ela declara ousadamente que os textos de autoridade estão errados:

> Além disso, gostaria que me dissessem: qual a finalidade dos órgãos de reprodução? E por que foram formados desse modo tão engenhoso? Acreditem-me, se foram feitos, é lógico que foram feitos para alguma coisa! Digam o que

---

[19] CHAUCER, Geoffrey. *Os contos da Cantuária*, cit., p. 323-335.

quiserem – como dizem mesmo por aí –, que servem para a excreção da urina, ou então para distinguir a fêmea do macho e nada mais... não é o que dizem? A experiência, contudo, prova que não é bem assim. Espero que os doutos não se zanguem comigo, mas, na minha opinião, eles foram feitos para as duas coisas, isto é, para o serviço e para o prazer da procriação (dentro do que a lei de Deus estabelece).[20]

Porque tem os olhos bem abertos para o "livro da Natureza", ela é capaz de (respeitosamente) corrigir os argumentos dos sábios e os ensinamentos dos clérigos, baseada no fato de que "[a] experiência, contudo, prova que não é bem assim". Aqui, a proposição de Chaucer não parece tão distante do argumento que Galileu faria mais de dois séculos depois.

A tese implícita da Comadre de que a experiência é um instrumento privilegiado para compreender a vida humana é chave para o funcionamento conjunto do *Prólogo* e do *Conto*. Ela só estaria satisfeita com seu marido quando pudesse agir em liberdade: "eu, sem perda de tempo, o fiz queimar o tal livro. E a partir do momento em que, graças à minha habilidade, recuperei o comando, e desde o instante em que me disse: 'Minha fiel mulherzinha, você é livre para fazer o que quiser; guarde a sua honra e proteja a minha dignidade', nunca mais houve briga entre nós dois".[21] Seu triunfo sobre o conhecimento livresco tradicional é uma afirmação da vida comum e a defesa de uma forma diversa de soberania.

NEM TODAS AS VASILHAS SÃO DE OURO

É, de fato, essa declaração da dignidade das ações quotidianas que está no coração do argumento de que a Comadre se utiliza para justificar sua escolha repetida da vida matrimonial, um estado supostamente menos santo que o celibato:

---

[20] CHAUCER, Geoffrey. *Os contos da Cantuária*, cit., p. 106.
[21] CHAUCER, Geoffrey. *Os contos da Cantuária*, cit., p. 113.

> De minha parte, posso garantir-lhes que, ainda que eu reconheça que o celibato seja realmente superior ao casamento, não tenho inveja alguma da virgindade: quem quiser ser puro de corpo e alma que o seja. Por outro lado, também não costumo gabar-me de minha posição. Afinal, nem todas as vasilhas na casa de um fidalgo são de ouro; algumas são de madeira, e, nem por isso, deixam de ser úteis. Deus tem muitos caminhos para chamar-nos a Si, concedendo a cada um uma dádiva diferente, a um isto e a outro aquilo, conforme a sua vontade.[22]

O raciocínio que Chaucer apresenta por meio da diatribe cômica da Comadre revela um elemento central na mudança de percepções sociais que se tornaria decisivo para o fim da visão de mundo medieval. Durante séculos, o ideal monástico de fugir de um mundo pecador e de suas intermináveis tentações reinara incontestável como manifestação do objetivo moral mais elevado para os seres humanos.[23] A partir do século XIII, entretanto, a avaliação desse ideal renunciativo sofreria importantes transformações. A aprovação da Ordem Franciscana (1209) talvez seja o sinal mais visível de que uma leitura menos negativa da vida quotidiana começava a emergir e, com ela, um novo entendimento das demandas do cristianismo sobre cada um.

Essa percepção cambiante do valor relativo da vida comum e das chamadas vocações mais elevadas são vistas por Charles Taylor como uma etapa crucial na formação da subjetividade moderna:

> A transição a que me refiro aqui é a que questiona essas hierarquias, transfere o *locus* do bem viver de um conjunto especial de atividades superiores para dentro da própria "vida". A vida humana plena agora é definida em termos de trabalho e produção, de um lado, e casamento e vida familiar, do outro. Ao mesmo tempo, as

---

[22] CHAUCER, Geoffrey. *Os contos da Cantuária*, cit., p. 105.
[23] TAYLOR, Charles. *A Secular Age*. Cambridge: Belknap Press, 2007. p. 631.

atividades "superiores" de antes passam a sofrer críticas vigorosas.[24]

Ao final da Idade Média, tanto a ética guerreira da nobreza medieval quanto a ética ascética do monasticismo perdem prestígio e passam, com o tempo, a ser percebidas como problemáticas ou equivocadas. O estupro brutal de uma jovem pelo cavaleiro no *Conto da mulher de Bath* é testemunho do desconforto popular com a propensão à violência dos códigos de honra cavalheirescos (que Cervantes satirizaria séculos mais tarde).[25] A ironia que Chaucer reserva a clérigos e religiosos aponta para o ridículo de presumir-se capaz de abraçar um ideal de vida demasiado elevado para o ser humano comum. Ao longo do tempo, essa perspectiva acabaria por diminuir o prestígio da vida monástica, levando mesmo à denúncia esporádica dessa forma de vocação como um tipo de fanatismo.[26]

A ideia de que "Deus tem muitos caminhos para chamar-nos a Si, concedendo a cada um uma dádiva diferente" sinaliza a generalização da crença de que as possibilidades de salvação de cada um se ligava, primariamente, à forma como se vivia a própria vocação, não à escolha de um caminho mais elevado. A fruição do mundo sensorial deixa de ser pecaminosa e se torna a base de uma espiritualidade renovada. Ainda uma vez, o encantamento de São Francisco com o mundo natural é emblemático: *Louvado sejas, meu Senhor, com todas as Tuas criaturas.*[27] Sua abertura para acolher a experiência do povo

---

[24] TAYLOR, Charles. *As fontes do "self"*: a construção da identidade moderna. Tradução de Adail Ubirajara Sobral e Dinah de Abreu Azevedo. São Paulo: Loyola, 1997. p. 213.

[25] TAYLOR, Charles. *As fontes do "self"*, cit., p. 212.

[26] "Moreover, ascetism is not only a deviation from God's plan but the fruit of pride, born of the presumption which makes us think that we can contribute to our regeneration...". TAYLOR, Charles. *As fontes do "self"*, cit., p. 222.

[27] FONTES FRANCISCANAS E CLARIANAS. Tradução de Celso Márcio Teixeira *et al.* Petrópolis: Vozes, 2004. p. 164-165. Cântico disponível em: https://pt.wikipedia.org/wiki/C%C3%A2ntico_das_Criaturas#cite_note-2.

simples e comum dialoga diretamente com o prazer que Chaucer tem de descrever, em detalhes, esse mesmo povo.

É, assim, significativo que o discurso da Comadre sugira que uma virgem não é necessariamente mais santa ou melhor que uma mulher ansiosa para casar de novo assim que o marido anterior faleça. Sua tese parece ecoar a ideia de que não é o tipo de vocação que é, em última instância, decisivo para a salvação, mas a forma como se responde a ela. Essa ênfase na primazia da validação individual, interior, da vocação religiosa parece mais alinhada com entendimentos modernos do que medievais daquilo que constitua a subjetividade humana. É a relação do sujeito com suas escolhas pessoais o que realmente importa ("[Deus] deixou a nosso critério").[28]

Para além disso, o argumento da Comadre implica que as vocações seculares podem, na verdade, ser mais úteis à comunidade do que a renúncia ascética de monges e freiras. Afinal das contas, ela pondera, "se a semente não pudesse ser plantada, como é que a virgindade iria crescer?".[29] Para os medievais, aflitos quase continuamente pela fome e pela doença (com surtos, ocasionais mas não raros, de carestia e de peste), a procriação era compreensivelmente vista como um dever para a sociedade. A poesia do Renascimento iria tornar essa ideia um de seus temas recorrentes, como se vê, por exemplo, do famoso soneto número 8 de Shakespeare.[30]

---

[28] CHAUCER, Geoffrey. *Os contos da Cantuária*, cit., p. 105.
[29] CHAUCER, Geoffrey. *Os contos da Cantuária*, cit., p. 105.
[30] No original: "Music to hear, why hear'st thou music sadly?/ Sweets with sweets war not, joy delights in joy:/ Why lov'st thou that which thou receiv'st not gladly,/ Or else receiv'st with pleasure thine annoy?/ If the true concord of well-tuned sounds,/ By unions married, do offend thine ear,/ They do but sweetly chide thee, who confounds/ In singleness the parts that thou shouldst bear./ Mark how one string, sweet husband to another,/ Strikes each in each by mutual ordering;/ Resembling sire and child and happy mother,/ Who, all in one, one pleasing note do sing:/ Whose speechless song being many, seeming one,/ Sings this to thee: 'Thou single wilt prove none'".

Essa avaliação positiva da vida comum surge em conexão com um lugar igualmente mais digno para a observação empírica e a experiência. A obra clássica de Johan Huizinga enfatiza essa "veemência da vida" que se manifesta em uma curiosidade interminável e um interesse insaciável de representar pictoricamente cada aspecto possível das rotinas quotidianas. As miniaturas e pinturas de seu magistral *O outono da Idade Média*[31] ilustram com abundância a crescente relevância da observação do mundo real para os contemporâneos de Chaucer.

A perspectiva adotada pela Comadre de Bath quando ela elogia a perfeição dos "órgãos de reprodução" afina-se, assim, perfeitamente bem à sua época. O mesmo vale para a estratégia de dar força a seu ponto por meio da referência a objetos simples do dia a dia – "tigelas, bacias, colheres, banquinhos e outras tralhas, assim como panelas, roupas e adereços"[32] – ou por meio da menção e da aceitação dos achados da sabedoria popular: ("E, depois do vinho, o que mais me agrada é Vênus").[33] A observação miúda da vida quotidiana é o que torna essa mulher sábia, "vivida", como alguém poderia dizer, e é essa sabedoria que, em última instância, lhe permite seguir adiante e fazer frente às agruras da vida.

Em seu interesse agudo pelo aparentemente trivial e comum, a progressão discursiva do *Conto da mulher de Bath* encapsula o arranjo mais amplo que dá forma a toda a obra. Pois é possível sustentar que a instância mais importante de afirmação da vida quotidiana é representada por sua linguagem e sua estrutura.

O fato de que Chaucer tenha escolhido escrever em inglês é, em si mesmo, uma declaração da dignidade e da relevância do idioma utilizado pelas pessoas comuns em seus diálogos quotidianos. Embora sua versão da língua inglesa não fosse, certamente, de uso generalizado em toda a Inglaterra, ela era, não obstante, a língua por

---

[31] HUIZINGA, Johan. *The Autumn of the Middle Ages*. Chicago: University of Chicago Press, 1997.
[32] CHAUCER, Geoffrey. *Os contos da Cantuária*, cit., p. 107.
[33] CHAUCER, Geoffrey. *Os contos da Cantuária*, cit., p. 109.

meio da qual uma grande parte da população dava conta do ofício de viver (e não o francês, utilizado na corte, nem o latim, utilizado na igreja).[34]

A estrutura para as histórias individuais reforça essa noção de importância das coisas e ações mundanas. O conjunto de narrativas dos peregrinos está emoldurado por um objetivo ostensivamente religioso ("*Quando abril, com as suas doces chuvas, cortou pela raiz toda a aridez de março*, então sentem as pessoas vontade de peregrinar; e os palmeirins, o desejo de buscar plagas estranhas, com santuários distantes, famosos em vários países. E rumam principalmente, de todos os condados da Inglaterra, para a cidade de Cantuária, à procura do bendito e santo mártir que os auxiliara na doença.").[35]

O centro de interesse de cada história, não obstante, não é o espiritual ou sagrado, mas as pequenas misérias e alegrias de pessoas reais vivendo no mundo real. Sua tolice e sua esperteza, bem como suas correspondentes derrotas e vitórias, são o que atrai o interesse dos personagens (e do público) de Chaucer. Eles parecem entender que, na vida de todo dia, é o aprendizado dessas coisas que os tornará mais capazes de conseguir o que querem, mesmo algumas vezes contra todas as probabilidades e em face de uma *Fortuna* adversa.

O QUE É QUE AS MULHERES MAIS DESEJAM

Comparado ao tom intensamente cômico do *Prólogo*, o *Conto* em si mesmo soa muito mais sério e muito mais abertamente moralizador. A rápida sucessão de cenas e situações do *Prólogo*, apresentando os eventos divertidos dos cinco casamentos, dá lugar, no *Conto*, a uma narrativa muito mais linear. No entanto, o preâmbulo humorístico funciona como preparação necessária para a história mais sóbria com que o relato da Comadre se encerra. Seus apartes sagazes contra os homens ao longo de todo o *Prólogo* podem ser lidos, retrospectivamente, como sendo o resultado de sua longa experiência da brutal

---

[34] Cf. McCRUM, Robert *et al. The story of English*. London: Penguin, 2002.
[35] CHAUCER, Geoffrey. *Os contos da Cantuária*, cit., p. 14.

desigualdade de poder que caracteriza as relações entre os gêneros. O *Prólogo* funciona como uma aula sobre a forma como aqueles que são desprovidos de poder podem agir para mudar sua sorte.

De fato, o *Conto* começa com um reconhecimento franco da posição vulnerável das mulheres em uma sociedade medieval violenta e controlada por homens:

> E deu-se então que o Rei Artur tinha em sua corte um ardoroso jovem solteiro, que um dia, praticando a cetraria às margens de um rio, sozinho como ao nascer, avistou uma donzela que caminhava à sua frente. Sem perder tempo, não obstante tudo o que ela fez para resistir, ele arrebatou-lhe a virgindade.[36]

Retornando de seu elegante exercício com seu falcão, um jovem cavaleiro decide continuar seu divertimento estuprando uma jovem simplesmente porque ele assim o deseja e porque ela não pode fazer nada para defender-se. Esse abuso de poder, essa expressão vil da *força bruta* empregada pelos socialmente superiores sempre que lhes era conveniente, assim como o sentimento de impotência diante dele, seriam dolorosamente familiares para o público medieval.

Camponeses e citadinos sabiam que estavam, em quase todas as situações e na maior parte do tempo, à mercê dos caprichos dos soberanos. Eles também sabiam que, mesmo diante de um crime tão sério quanto o estupro, os ocupantes do poder poderiam escolher não punir seus pares na nobreza:

> [...] um pastor que violentasse uma duquesa, se, por algum milagre, escapasse à mutilação e à morte, se tornaria um escravo; um duque que violentasse uma pastora, se chegasse a ser punido, poderia oferecer quitar seu crime oferecendo à moça uma bolsa cheia de moedas.[37]

---

[36] CHAUCER, Geoffrey. *Os contos da Cantuária*, cit., p. 114.
[37] "[...] the swineherd who ravished a duchess, if by some miracle he escaped mutilation and death, would be enslaved; the duke who ravished a

No *Conto*, é exatamente isso o que ocorre. Embora o proverbialmente sábio rei Arthur condene o cavaleiro à morte, "a rainha e outras damas"³⁸ insistem que a vida do jovem seja poupada e colocada à mercê da vontade da rainha. Poderia talvez parecer surpreendente que sejam exatamente as mulheres que estejam interessadas em salvar um homem acusado desse tipo de crime. A razão pela qual o fazem, entretanto, mostra a engenhosidade da história da Comadre.

Isto porque, a partir desse momento, será o homem que terá que obedecer às mulheres (primeiro à rainha, depois à sua salvadora), no que será para ele uma jornada de iluminação. Pois o cavaleiro, que tão brutalmente ignorou a vontade de uma jovem, só poderá escapar à morte se for capaz de, dentro de "um ano e um dia",³⁹ descobrir e dizer às nobres da corte "o que é que as mulheres mais desejam".⁴⁰

Em um tipo de busca impossível tão popular com o público medieval, o cavaleiro se depara com o habitual elenco de pistas falsas. Neste caso, entretanto, essas são de fato essenciais para prepará-lo a entender, em profundidade, as implicações de sua jornada:

> Inquiria em todas as casas e lugares, onde quer que tivesse esperança de encontrar mercê, a fim de descobrir o que as mulheres mais amam. Mas em parte alguma pôde achar duas criaturas que estivessem de acordo a esse respeito. Diziam alguns que aquilo que mais amam as mulheres é a riqueza; diziam outros que a honra; e outros, que a futilidade. Alguns afirmavam que o que elas mais querem são as belas roupas; outros, os prazeres do leito, enviuvando-se e casando-se muitas vezes. Alguns pensavam que o que

---

shepherdess, if punished at all, could make compensation by providing her with a full purse of coins". BRUNDAGE, James A. *Law, sex and Christian society in Medieval Europe* Chicago University of Chicago Press, 1987. *Apud* PISTONO P., Stephen. Rape in Medieval. *Atlantis*, v. 14, n. 2, Spring/printemps 1989. p. 39 (tradução nossa).

[38] CHAUCER, Geoffrey. *Os contos da Cantuária*, cit., p. 114.
[39] CHAUCER, Geoffrey. *Os contos da Cantuária*, cit., p. 114.
[40] CHAUCER, Geoffrey. *Os contos da Cantuária*, cit., p. 114.

mais nos alegra o coração são os elogios e os agrados... e, de fato, esses não estavam longe da verdade: é com a adulação que os homens nos conquistam; e, grandes e pequenas, somos apanhadas com atenções e cortesias. Outros, porém, acreditavam que o que mais apreciamos é a liberdade, é fazer as coisas do nosso jeito, sem que nenhum homem venha apontar as nossas imperfeições, pois gostamos de ser consideradas inteligentes e espertas. Na verdade, quando nos pisam nos calos, todos nós gritamos, pois a verdade machuca: experimentem fazer isso, e verão que tenho razão. Por mais defeitos que possamos ter lá dentro, queremos sempre passar por perspicazes e puras. E alguns, enfim, achavam que nosso maior prazer é sermos tidas como pessoas discretas e confiáveis, que sempre se mantêm firmes em seus propósitos e que jamais revelam os segredos que nos contam...[41]

A longa lista de respostas possíveis inclui, significativamente, muitas das caricaturas de que Chaucer faz uso humorístico no *Prólogo*: as mulheres são gananciosas, libidinosas, fúteis, impulsivas, altivas... No *Conto*, entretanto, essas sugestões são apresentadas como representações distorcidas das mulheres. Esses estereótipos do comportamento feminino são descritos como pedras de tropeço na caminhada do cavaleiro em direção ao verdadeiro entendimento daquilo que as mulheres mais desejam.

Sua educação nesse campo irá começar quando, retornando cabisbaixo e tristonho ao castelo, ele encontra uma velhinha que se prontifica a ajudá-lo desde que ele prometa casar com ela. A pronta aceitação do cavaleiro a essa proposta estranha mostra que ele já está no processo de mudar sua percepção anterior. Ele já se deu conta, por exemplo, de que existem coisas que importam grandemente e que ele desconhece, coisas que, sendo parte central da vida de todo dia, estão escondidas de seu olhar. Como nobre, e como homem, ele pode se manter alheio a tais realidades ao longo de toda a sua vida. Agora, essa ignorância do mundo concreto pode

---

[41] CHAUCER, Geoffrey. *Os contos da Cantuária*, cit., p. 114.

custar-lhe a vida. Mas isso não é tudo. Ele percebe também que, para atingir o conhecimento de que necessita, ele precisa escutar e confiar justamente naquelas que anteriormente ignorava ou desprezava: as mulheres.

São elas, afinal de contas, que conhecem, por meio da experiência, aquilo que os que as governam (e delas abusam) ignoram. Significativamente, a verdade da resposta não será garantida por meio da referência a um Padre da Igreja ou a um filósofo da Antiguidade. É da boca de alguém que tem experiência de vida que a sabedoria virá, e é com base em sua experiência semelhante que a rainha e as damas irão confirmar que a *experiência prova que é bem assim*:

> "Majestade, de modo geral", disse ele, "o que as mulheres mais ambicionam é mandar no marido, ou dominar o amante, impondo ao homem a sua sujeição. Ainda que me mate, digo que é esse o seu maior desejo. Vossa Majestade agora pode fazer comigo o que quiser: estou a seu dispor."[42]

A epifania do cavaleiro, entretanto, será gradual. Mesmo depois de pronunciar a resposta que irá salvar sua vida, ele permanecerá incapaz de compreender seu significado pleno. Ele acredita que as mulheres querem o mando e o domínio (no original: *sovereynetee* e *maistrie*) para exercê-lo da mesma maneira que ele o fizera enquanto senhor: por meio da força bruta e da total indiferença a seus inferiores. Ele teme que as mulheres, quando no poder, irão agir da maneira impiedosa apresentada pela Comadre no *Prólogo* (*se ainda tiver outro marido, pois ele será meu devedor e meu escravo*).[43] Preso a essa leitura de autoridade, que ele mesmo exerce, ele se desespera quando imagina ter que suportar as agruras tão familiares àqueles que estão fora do poder ("Ai de mim, que desgraça!", suspirou o cavaleiro. "Lembro-me muito bem daquilo que prometi. Mas, pelo amor

---

[42] CHAUCER, Geoffrey. *Os contos da Cantuária*, cit., p. 115.
[43] CHAUCER, Geoffrey. *Os contos da Cantuária*, cit., p. 104.

de Deus, peça-me qualquer outra coisa, peça-me tudo que possuo, mas não me tire a liberdade!").[44]

O que ele irá aprender em sua noite de núpcias, entretanto, é que há um modo diferente de fazer uso da autoridade. Um que leva em consideração a vontade daqueles sujeitos ao poder. Sua esposa lhe dá o direito de escolher seu próprio futuro, ao mesmo tempo que alerta para as consequências que irão derivar de sua decisão: é melhor estar casado com uma mulher feia e velha, que lhe será sempre fiel, ou com uma linda e jovem, que será cortejada por muitos, e arriscar-se a ser traído?

Diante da liberdade de escolha, o cavaleiro se sente perdido. Ele percebe que é incapaz de, sozinho, descobrir qual é o melhor caminho a seguir. Ao mesmo tempo, ele subitamente se dá conta de que essa mulher, que se mostrou sempre muito mais sagaz do que ele, é quem tem mais condições de guiá-lo em sua eleição. Por isso, ele, espontânea e voluntariamente, entrega a ela o poder de decisão:

> "Minha senhora e meu amor, minha esposa querida, prefiro confiar em seus sábios critérios. Escolha você mesma a alternativa mais agradável e mais honrosa para nós dois. Seja ela qual for, aquilo que lhe aprouver irá aprazer a mim." "Como você permite que eu escolha e decida como quiser", perguntou ela, "não estaria reconhecendo que quem deve mandar sou eu?" "Sim, claro, meu bem", respondeu ele. "Acho melhor assim."[45]

Quando esse novo pacto de governo é estabelecido – um pacto que não está baseado na força, na posição hierárquica ou na tradição, mas no reconhecimento de que o governante é o mais eficiente para gerar o bem comum –, uma vida de alegrias está garantida. Em uma cena que curiosamente antecipa e reverte o final de *A megera domada*, de Shakespeare, a mulher ordena a seu agora obediente marido:

---

[44] CHAUCER, Geoffrey. *Os contos da Cantuária*, cit., p. 116.
[45] CHAUCER, Geoffrey. *Os contos da Cantuária*, cit., p. 118.

"'Beije-me', exclamou ela. 'Nunca mais brigaremos'".[46] Ela será jovem e fiel e o cavaleiro, humilhado por seu terrível crime, irá prazerosamente aceitar o comando de alguém a quem a experiência fez sábio e, por isso, merecedor de ocupar o poder.

CONCLUSÃO

Todos concordam o quanto é louvável que um príncipe mantenha a palavra e viva com integridade, não com astúcia; todavia, em nossa época vê-se por experiência que os príncipes que realizaram grandes feitos deram pouca importância à palavra empenhada e souberam envolver com astúcia a mente dos homens, superando por fim aqueles que se alicerçaram na sinceridade.[47]

As observações famosas de Maquiavel no capítulo XVIII de *O Príncipe* encapsulam a novidade de sua perspectiva política. Embora os preceitos tradicionais ainda gozassem de prestígio no discurso e impusessem uma conformidade social externa, eles eram frequentemente muito menos estimados – para não dizer ignorados – na prática: o príncipe que não souber reconhecer essa verdade arrisca arruinar-se a si mesmo e à República.

Esse *insight* político não emerge, entretanto, apenas da leitura de textos piedosos e de tratados eruditos. Ele surge sobretudo da experiência, em primeira mão, da bruta realidade da vida quotidiana, do contato direto com a ganância, o egoísmo, a covardia, assim como a generosidade e a coragem que caracterizam os seres humanos. A experiência é a matéria-prima a partir da qual qualquer pensamento político efetivo deve ser desenvolvido. O tesouro de conhecimento herdado dos antigos não deve absolutamente ser descartado, é claro, mas deve ser visto como uma ferramenta para entender o mundo real. Associado à experiência, ele pode ajudar a trespassar o véu de discurso com que os homens justificam suas

---

[46] CHAUCER, Geoffrey. *Os contos da Cantuária*, cit., p. 118.
[47] MACHIAVELLI, Nicolò. *O Príncipe*, cit., p. 104.

ações e encontrar o cerne do autointeresse pelo qual eles são, de fato, movidos.

Os contos da Cantuária de Chaucer, de maneira geral, e *Conto da mulher de Bath*, de modo particular, são um testemunho do processo de transformação do *status* da experiência, no século XIV, como fonte para legitimar as ações humanas. O *Prólogo* e o *Conto* funcionam como uma espécie de "espelho de príncipes", chamando a atenção para o hiato entre doutrina oficial e prática real. O público da Comadre está ansioso justamente por esse tipo de ensinamento. O vendedor de indulgências pede a ela: "se não fizer objeções, rogo-lhe que continue a narração de seus casos, sem poupar a quem quer que seja, instruindo a nós, jovens inexperientes, com sua prática".[48]

O conjunto de mudanças nas condições socioeconômicas que marca a Idade Média tardia demandava uma nova maneira de observar o mundo e de explicá-lo, bem como uma nova forma de entender a história e os mecanismos que a fazem progredir. Ainda mais importante, ele demandava uma nova forma de legitimar a autoridade. A obra-prima de Chaucer sugere que a experiência era a chave para a emergência dessa nova perspectiva.

REFERÊNCIAS

CARTER, S. Coupling the beastly bride and the hunter hunted: what lies behind Chaucer's Wife of Bath's Tale. *The Chaucer Review*, v. 37, n. 4, p. 329-345, 2003. Project MUSE, doi:10.1353/cr.2003.0010.

CHAUCER, Geoffrey. *Os contos da Cantuária*. Tradução de Paulo Vizioli. T. A. Queiroz, 1991.

DUFEIL, Michel-Marie. Ierarchia: un concept dans la polémique universitaire parisienne du xiiième siècle. Miscellanea Mediaevalia, Band 12/1 Soziale ordnungen im selbstverständnis des Mittelalters Walter de Gruyter. Berlin, 1979. In: *Saint Thomas et l'histoire*. Aix-en-Provence: Presses universitaires de Provence, 1991 (acesso em 10 mar. 2017). Disponível em: http://books.openedition.org/pup/4476. ISBN: 9782821836891. doi: 10.4000/books.pup.4476.

---

[48] CHAUCER, Geoffrey. *Os contos da Cantuária*, cit., p. 106.

ECO, Umberto. *Arte e beleza na estética medieval*. São Paulo: Globo, [s. d.].

Fontes Franciscanas e Clarianas. Tradução de Celso Márcio Teixeira *et al*. Petrópolis: Vozes, 2004. p. 164-165. Cântico disponível em: https://pt.wikipedia.org/wiki/C%C3%A2ntico_das_Criaturas#cite_note-2.

HUIZINGA, Johan. *The Autumn of the Middle Ages*. Chicago: University of Chicago Press, 1997.

MACHIAVELLI, Nicolò. *O Príncipe*. Tradução de Maurício Santana Dias. Penguin/Companhia das Letras, 2010.

McCRUM, Robert *et al*. *The story of English*. London: Penguin, 2002.

PISTONO P., Stephen. Rape in Medieval. *Atlantis*, v. 14, n. 2, Spring/printemps 1989.

SMITH, Warren S. Satiric advice: serious or not?. *In:* SMITH, Warren S. (ed.). *Satiric advice on women and marriage:* from Plato to Chaucer. Michigan University Press, 2005.

ST. JEROME. Against Jovinianus: Book I (Selections) – Theophrastus'*Golden Book of Marriage*. *In: The Geoffrey Chaucer Page*. Disponível em: http://sites.fas.harvard.edu/~chaucer/canttales/wbpro/jer-theo.html.

TAYLOR, Charles. *A Secular Age*. Cambridge: Belknap Press, 2007.

TAYLOR, Charles. *As fontes do "self":* a construção da identidade moderna. Tradução de Adail Ubirajara Sobral e Dinah de Abreu Azevedo. São Paulo: Loyola, 1997.

TAYLOR, Charles. *Sources of the self*: the making of the modern identity. Cambridge: Harvard University Press, 1989.

WHITE, Hayden. *The historical imagination in nineteenth-century Europe*. Baltimore & London: John Hopkins University Press, 1973.

Prisões, bordéis e as pedras da lei:
discursos Modernos sobre o Direito
em John Austin e William Blake[1]

> A existência da lei é uma coisa; seu mérito ou demérito é outra. Uma lei, que exista de fato, é uma lei, ainda que não gostemos dela [...].[2]
> (John Austin, *The province of jurisprudence determined*, 1832)

> As prisões são construídas com as pedras da Lei, os bordéis com os tijolos da religião.
> (William Blake, *The marriage of Heaven and Hell*, 1790)[3]

As obras de John Austin e William Blake são amiúde apontadas como pontos de origem, respectivamente, do positivismo no Direito e do Romantismo na poesia. Este capítulo sugere que sua importância se estende para além de seu impacto nessas áreas específicas. Sustenta-se aqui que as obras dos autores representam também respostas antagônicas ao projeto da Modernidade – e aos discursos

---

[1] Publicado originalmente em *Cadernos FGV Direito Rio*, v. 12, p. 161-172, 2015.
[2] The existence of law is one thing; its merit or demerit is another. Whether it be or be not is one enquiry; whether it be or be not conformable to an assumed standard, is a different enquiry. A law, which actually exists, is a law, though we happen to dislike it, or though it vary from the text, by which we regulate our approbation and disapprobation". Austin 1832: Lecture V, p. 157. Austin, John, 1832, *The Province of Jurisprudence Determined*, W. Rumble (ed.). Cambridge: Cambridge University Press, 1995 (todas as traduções são do autor deste livro).
[3] ERDMAN, David V. (ed.). *The complete poetry & prose of William Blake*. Anchor Books, 1982. (Esta obra será a fonte para todas as citações de Blake, ao longo do texto.)

sobre o Direito que dele decorrem –, ideias essas que se tornaram matriciais para a forma de o Ocidente pensar o jurídico e sua função na sociedade.

TRAÇANDO FRONTEIRAS: DEFININDO A PROVÍNCIA DA JURISPRUDÊNCIA

O projeto Moderno[4] se caracteriza, em larga medida, pela emergência simultânea de um tipo específico de crença e de um tipo específico de descrença. No polo positivo, acredita-se, com fervor cada vez maior, na capacidade de os seres humanos observarem e descreverem relações causais entre eventos. Essa causalidade decorre da natureza das coisas e independe da vontade ou das características do sujeito que as observa. A ciência Moderna é uma ciência que se quer *objetiva e neutra*. Na visão de seus adeptos, ela está livre dos preconceitos e superstições que, promovidos e sancionados pelas autoridades religiosas e políticas, haviam distorcido, durante séculos, o olhar dos seres humanos sobre o mundo que os cerca.

A marcha inexorável do tempo, somada à ousadia de alguns pioneiros (Galileu surge como paradigma do cientista herói/mártir lutando contra o obscurantismo da superstição), foi aos poucos dissipando as trevas da religião para instaurar o reinado de luz da Razão. Essa é, pelo menos, a narrativa celebratória desse processo, que Charles Taylor denomina narrativas de subtração.[5]

A versão mais conhecida e influente dessa narrativa de avanço contínuo talvez seja a do positivismo comtiano, com seu postulado de uma progressão que leva as sociedades do estágio teológico ao

---

[4] Ao longo deste texto, os adjetivos Moderno e Romântico aparecerão com a inicial em maiúscula para indicar que estão sendo utilizados não em sua acepção corriqueira (i.e., moderno = atual, contemporâneo; romântico = sentimental, apaixonado), mas como marcadores, respectivamente, de períodos históricos específicos: o Moderno (sobretudo em seu desdobramento Iluminista, a partir do final do século XVII) e o Romântico (sobretudo a partir das primeiras décadas do século XIX).

[5] TAYLOR, Charles. *A Secular Age*. Harvard University Press, 2007. p. 22.

metafísico e deste ao positivo ou científico. Nesse terceiro estágio, "a mente deixa de buscar causas para os fenômenos e se limita, estritamente, às leis que os governam".[6] Os milagres desaparecem quando examinados à luz dessa nova forma de conhecer, que não aceita como verdade senão aquilo que é passível de comprovação empírica.

A ciência nova se legitima, dessa forma, por sua capacidade de, a partir da neutralidade da observação racional dos objetos, formular leis gerais que, a exemplo da Natureza que buscam descrever, não admitem exceções. Tais leis têm por objetivo expressar uma causalidade regular, isto é, uma conexão entre eventos que inevitavelmente se repetirá caso se repitam, também, condições idênticas às de sua primeira ocorrência.

Sua fórmula requer uma série de movimentos complexos: em primeiro lugar, é preciso que o observador seja capaz de despir-se de todas as suas convicções anteriores, de todos os seus afetos e interesses particulares para que possa se tornar capaz de observar os fenômenos, com a neutralidade isenta de pré-conceitos que caracteriza o cientista Moderno. É preciso evitar, sobretudo, a tentação de valorá-los moralmente ou de buscar sentidos metafísicos para sua ocorrência.

Em seguida, é necessário *descrever* tais fenômenos com todo o rigor e minúcia, de modo a tornar possível, pelo acúmulo das observações e pela recorrência consistente de alguns traços, a elaboração de uma formulação geral que os encapsule. Essa formulação assume tipicamente a forma de uma lei universal, que se ancora em uma metodologia específica e em um conjunto claramente definido de conceitos, definições e premissas.

Uma vez erigida essa formulação universal a partir de eventos singulares, o passo seguinte é o de determinar o lugar que essa

---

[6] "In the positive state, the mind stops looking for causes of phenomena, and limits itself strictly to laws governing them." BOURDEAU, Michel. Auguste Comte. In: *The Stanford Encyclopedia of Philosophy* (Winter 2014 Edition), Edward N. Zalta (ed.). Disponível em: http://plato.stanford.edu/archives/win2014/entries/comte/.

categoria de seres ou fenômenos ocupa em relação a outros seres e fenômenos já observados e descritos. O amplo curso e o potencial explicativo que a ideia da *Grande Cadeia do Ser* teve, a partir do século XVIII, ilustra à perfeição esse movimento, que leva da observação à lei geral e, deles, à ideia de sistema. A tabela periódica, as famílias na botânica e na zoologia, bem como as periodizações na literatura, revelam todas, embora cada uma à sua maneira, esse influxo da noção Moderna de Ciência.

A legitimidade desse influxo, vale repetir, depende de seu caráter de neutralidade objetiva: sua força de convencimento emerge de não ser um apanhado de opiniões, mas um conjunto de fatos, cuja verdade independe da vontade do observador. Esse o grande trunfo e o grande apelo do discurso científico para uma Europa Ocidental que sofrera terrivelmente, por séculos, com as guerras de religião, mais violentas porque seu objeto – proposições de fé – se furtava, por definição, à comprovação empírica ou a decisões baseadas em critérios racionais comuns.

A observação famosa de Jean Meslier em seu *Testamento* (1729 – a obra seria editada por Voltaire em 1762) de que *o homem só será livre quando o último monarca for enforcado com as entranhas do último padre*[7] sintetiza uma avaliação bastante difundida entre os contemporâneos de que o discurso religioso, colocando-se acima de questionamentos baseados na observação empírica da vida, estava a serviço do despotismo e da injustiça. O caráter democrático da Razão, que, ao contrário dos títulos de nobreza e das filigranas teológicas, está ao alcance de todos, emprestava uma aura libertária ao discurso da racionalidade científica.

---

[7] "Je voudrais, et ce sera le dernier et le plus ardent de mes souhaits, je voudrais que le dernier des rois fût étranglé avec les boyaux du dernier prêtre." Jean Meslier, *Testament*, 1729. A compilação de Voltaire, que escolheu e publicou excertos da obra em 1762, é provavelmente a grande responsável pela popularidade da obra. A edição eletrônica do *Testament* está disponível em http://classiques.uqac.ca/collection_documents/meslier_jean/testament/testament_tdm.html.

As características desse processo de legitimação da ciência – objetividade de observação e neutralidade valorativa – excluem, por princípio, qualquer argumento que não pudesse ser sustentado com base em uma demonstração de causalidade objetiva, observável, apta a ser formulado, em termos idênticos, por qualquer sujeito racional de boa-fé. Vale dizer, argumentos de matriz moral, religiosa ou política não têm lugar nessa compreensão do que sejam as condições para o debate público sobre o real. A moral, a religião e a política são discursos que articulam um sentido metafísico para os eventos, muitas vezes a despeito, ou ao arrepio, de conexões causais comprovadas. O discurso da ciência Moderna, por seu lado, é um discurso de causalidade e de um sistema de causalidades articuladas, não um discurso de sentido, nem de legitimações metafísicas. Nas palavras de Charles Taylor:

> A grande invenção do Ocidente foi a de uma ordem imanente na Natureza, cujo funcionamento podia ser sistematicamente compreendido e explicado em seus próprios termos, deixando em aberto a questão de saber se essa ordem, em seu todo, tinha um significado mais profundo e, caso tivesse tal significado, se deveríamos inferir daí a existência de um Criador transcendente.[8]

Não surpreende, assim, que pensadores, como John Austin, desejassem dar aos estudos jurídicos um caráter verdadeiramente científico, que buscassem livrar o campo de todas as impurezas que o tornavam bastante mal talhado para essa abordagem de Ciência. Angústia semelhante seria sentida por estudiosos de todos os campos do saber que não se ocupavam das ciências da natureza (literatura, ética, ciência política etc.): o conjunto dos esforços que cada área empreendeu para acomodar-se aos paradigmas do conceito Moderno

---

[8] "The great invention of the West was that of an immanent order in Nature, whose working could be systematically understood and explained on its own terms, leaving open the question whether this whole order had a deeper significance, and whether, if it did, we should infer a transcendent Creator beyond it." TAYLOR, Charles. *A Secular Age*, cit., p. 15.

de Ciência – então percebido como o único realmente legítimo – ilustra um momento crucial da formação do pensamento do Ocidente a partir do século XVIII.

O projeto de Austin[9] de delinear fronteiras nítidas para a jurisprudência e de circunscrevê-la de modo a insulá-la de outros discursos está perfeitamente em linha com o projeto da Modernidade conforme descrito acima. Ele deseja, em primeiro lugar, dispor de um objeto que possa ser observado de fora, por assim dizer, um objeto que independa do observador, que exista e funcione independentemente dos sujeitos que irão analisá-lo. Essa é condição *sine qua non* para atender à premissa de observação neutra, sem a qual ninguém pode se pretender cientista. Só assim, também, será possível descrever as características básicas do objeto jurídico – que deverão ser, forçosamente, universais – e as relações constantes e necessárias entre seus elementos constitutivos (seu sistema interno), que, por sua vez, serão imprescindíveis para sua classificação dentro de um conjunto mais amplo de sistemas.

Isto não implica dizer, é claro, que Austin não soubesse que o Direito funciona de modos muitos diversos em diferentes situações, países e lugares, tampouco significa que ele acreditasse ser impossível articular outros tipos de discurso sobre o Direito (históricos, sociológicos etc.). Mas significa que ele postula que um discurso científico sobre o Direito deve forçosamente assumir algumas características que o diferenciam de outros discursos. Dado o prestígio do discurso científico na Inglaterra do século XIX, esse não é um postulado banal ou desprovido de consequências. Pelo contrário: é essa perspectiva metodológica pioneira de Austin, mais talvez que sua teoria dos comandos (desde muito cedo criticada), que iria se tornar um dos principais eixos de autorização de discursos dentro e sobre o Direito a partir de então.

---

[9] Cf. BIX, Brian. John Austin. *In*: *The Stanford Encyclopedia of Philosophy* (Spring 2015 Edition), Edward N. Zalta (ed.). Disponível em: http://plato.stanford.edu/archives/spr2015/entries/austin-john/.

Não é demais lembrar a sintonia dessa perspectiva com discursos contemporâneos em outras áreas, discursos esses que se tornaram provavelmente ainda mais influentes que o de Austin. A celebrada teoria de Adam Smith sobre a mão invisível do mercado postulava, de forma muito convincente para os contemporâneos, a existência de um sistema que funcionava para além das vontades individuais dos sujeitos (embora as incorporasse como elemento necessário). A noção de leis econômicas universais e invariáveis espelhava exemplarmente o paradigma das ciências duras, e apontava o caminho para uma abordagem de fenômenos sociais a partir de uma dicção teórica antes característica de outros campos do saber.

Bentham e Mills (com diferenças) adotariam um olhar semelhante sobre a organização social, propondo quantificar e mensurar elementos básicos (dor, prazer) para estabelecer o melhor modo de agir sobre o objeto. Assim, a exemplo do que ocorre na teoria econômica, também no trabalho dos Utilitaristas é possível notar a força da ideia de sistema, que incorpora mas ultrapassa e, em última instância, independe de vontades e crenças individuais.

Todas essas construções teóricas se viam reforçadas pelo prestígio crescente da teoria de Darwin e de sua proposição de que fazemos parte de um sistema evolutivo mais amplo, a que não podemos controlar. A força impessoal do funcionamento dos sistemas, com suas inexoráveis leis gerais, tampouco é componente insignificante no pensamento de Marx e de Freud, dois dos discursos que moldaram a Modernidade como a experimentamos hoje.

The province of jurisprudence determined é, assim, uma tentativa de erguer os estudos jurídicos ao patamar de dignidade que caracteriza a verdadeira ciência. O caráter por vezes confuso e obscuro de suas proposições, assim como suas eventuais contradições internas, não invalida a força da proposta geral: é preciso pensar o objeto jurídico cientificamente, vale dizer, é preciso descrevê-lo em sua constituição elementar, apontando suas características invariáveis e o seu funcionamento como sistema.

Do ponto de vista da ciência Moderna, uma descrição adequada de todos esses elementos seria condição necessária para discursos racionais sobre o Direito. Dentro dessa perspectiva, interessam a nitidez da individualização de cada elemento e a integridade e coerência internas do sistema, não as consequências concretas de seu funcionamento no mundo. Esse insulamento programático do real exterior tem sido uma fonte perene de censuras à proposta positivista.

Nos termos em que foi formulada, entretanto, essa proposta não indica, ao menos não necessariamente, que Austin ou adeptos do nascente positivismo acreditassem que o impacto prático do Direito na vida das pessoas não fosse importante, nem que pudesse ser ignorado. Eles não desconheciam, nem negavam, a importância de outros tipos de discurso e outros tipos de ação, não regidos pelas solicitações a que estão submetidos os cientistas: mas desejavam diferenciar bem os campos (científico/prático), determinar bem as províncias, para que, bem delimitado, cada discurso pudesse otimizar sua capacidade de propor soluções.

A premissa implícita nesse insulamento da ciência jurídica é mais modesta, porém nem por isso menos relevante: ela estabelece que o discurso científico sobre o Direito é um discurso sobre sua causalidade, não sobre seu sentido. Ponderações morais, políticas ou religiosas, bem como argumentos consequencialistas, não fazem parte do repertório desse tipo de ciência jurídica, embora possam ser proveitosamente articuladas em outros espaços.

Dado, ainda uma vez, o já mencionado prestígio social da Ciência, esse modelo das ciências naturais iria migrar e se tornar critério de compreensão, autorização e validade de outras práticas sociais: é nele que se moldam, e se autorizam, o processo da grande internação descrito por Foucault, o apego quase religioso ao *laissez-faire* na economia e as práticas médicas/higienização dos vitorianos, para ficar apenas em alguns exemplos de impacto mais amplo.

As instituições e práticas do Direito na Inglaterra do século XIX não ficaram imunes a esse movimento. Construções teóricas e práticas judiciais vão paulatinamente incorporando e naturalizando esse modelo positivista de compreensão do mundo. Os debates sobre questões como a validade das normas, sua hierarquia e fontes, bem como sobre a natureza dos comandos, ou sobre a integridade do sistema, vão se tornar proeminentes, ocupando um lugar de destaque que antes pertencia a discussões sobre a justiça substantiva ou às relações entre prescrições divinas, leis naturais e normas humanas. Mas não é só a ênfase dos debates que se modifica. A lógica de validação se transforma igualmente, para excluir do campo dos argumentos aceitáveis aqueles que recorram a saberes ou valores externos ao sistema.

Veja-se, a título de ilustração, o quanto diferem o debate tomista sobre o problema das leis injustas e o tratamento que Austin dá ao mesmo problema de legitimidade. São Tomás reflete sobre o fenômeno jurídico como elemento necessariamente integrado a um plano maior, que é indispensável para que seja corretamente apreendido. Vale dizer: para entender elementos internos ao Direito, é preciso ter em mente o sentido do Direito na ordem geral do mundo, e esse sentido é, evidentemente, exterior e superior ao jurídico. Em outros termos: para São Tomás, há um sentido mais amplo que representa a moldura dentro da qual causalidades especificamente jurídicas podem ser compreendidas e discutidas.

Ao discutir o problema da legitimidade, Austin adota uma posição diametralmente oposta: os termos do problema só estarão bem colocados se o horizonte de discussão estiver restrito àquilo que é especificamente jurídico, sem qualquer contaminação por elementos exógenos. Assim, se a integridade sistêmica da cadeia de comandos estiver garantida, a lei será legítima, independentemente de seu conteúdo substantivo. A valoração ética desse conteúdo é incapaz de afetar sua juridicidade. *A existência da lei é uma coisa; seu mérito ou demérito é outra. Uma lei, que exista de fato, é uma lei, ainda que não gostemos dela [...].* Por isso, torna-se imprescindível que a província da jurisprudência seja bem mapeada e que suas fronteiras sejam guardadas contra incursões de conceitos impertinentes.[10]

Esse mapeamento preciso e seu propósito declarado de estabelecer, com nitidez absoluta, um *dentro* e um *fora* do Direito atestam o fervor, a confiança e o otimismo com que Austin buscava trazer as premissas Modernas para o mundo jurídico. Implícita em seu projeto analítico está a crença na superioridade dessa proposta, em seu caráter civilizatório: um olhar sobre o Direito baseado na pura causalidade interna ao sistema era, a seus olhos, muito mais promissor às antigas apropriações moralizantes, retóricas e impressionistas.

O rigor metodológico (Moderno) de Austin e sua metodologia (Moderna) de análise permitiriam, ou assim entendiam seus adeptos, uma discussão objetiva sobre os fenômenos jurídicos, algo que era impossível no bazar de referenciais sobrepostos que caracterizava os discursos anteriores. O abandono da ilusão metafísica (ao menos na Ciência) parecia-lhe um formidável avanço porque exorcizava, para todo o sempre, o medo de que os homens empreendam guerras horripilantes por conta da superstição e da ignorância. Esse relato triunfante da Razão Moderna pareceria profundamente equivocado à perspectiva Romântica de William Blake.

O TOLO E O SÁBIO NÃO VEEM A MESMA ÁRVORE:[11] O OLHAR ROMÂNTICO SOBRE A MODERNIDADE

A publicação de *O casamento do Céu e do Inferno* (1790) dá voz a uma avaliação diametralmente oposta do projeto Moderno. Nessa obra, Blake apresenta uma leitura muito mais ambígua dos supostos ganhos trazidos por essa Modernidade apaixonada pela ideia de Razão Universal. A segmentação da vida em campos estanques,

---

[10] Cf. LOPES, José Reinaldo de Lima. Hermenêutica e completude do ordenamento. *Revista de Informação Legislativa*, Brasília, ano 26, n. 104, p. 237-346, out./dez. 1989.

[11] "A fool sees not the same tree that a wise man sees."

requerida pelo modo industrial de produção, é vista pelos Românticos como dissolução de um quotidiano antes muito mais rico de possibilidades para a realização humana. A delimitação de províncias que Austin realiza orgulhosamente, porque vê como avanço, é percebida por Blake como um equívoco profundo que leva a um desastre irreversível.

De fato, para Blake, e os Românticos, a plenitude da experiência humana só podia ser atingida se aceitássemos, e vivêssemos plenamente, o fato de sermos um *lócus* de profundas ambiguidades, cuja complexidade está muito acima de nossa capacidade racional de compreensão e explicação. Como sugere o título do livro pioneiro de Blake, somos constituídos de forças opostas: a capacidade de observar o mundo como objeto externo, de descrevê-lo e de sujeitá-lo a nossos desígnios, vem da clareza luminosa da Razão, que, de maneira importante, nos determina; a capacidade de sentir o mundo como objeto interno, de perceber sua grandeza inefável e de saborear seu mistério profundo, que também nos envolve e define, vem da obscura intuição de que *há mais entre o céu e a terra do que pode supor nossa vã filosofia*.[12]

O caminho para a plenitude humana, para o poeta Blake, é aceitar que essa aporia nos constitui, que somos feitos dessa ambiguidade, que habitamos, simultaneamente, o céu e o inferno:

> Sem contrários, não há progresso. Atração e repulsa, razão e energia, amor e ódio são necessários para a existência humana. Desses contrários emerge o que as pessoas religiosas chamam de Bem e Mal. O Bem é o passivo que obedece à Razão. O Mal é o ativo que emana da Energia. O Bem é o Céu. O Mal é o Inferno.[13]

---

[12] "There are more things in heaven and earth, Horatio,/ Than are dreamt of in your philosophy." *Hamlet* (I, 5).

[13] "Without Contraries is no progression. Attraction and Repulsion,/ Reason and Energy, Love and Hate are necessary to Human existence./ From these contraries spring what the religious call Good & Evil./ Good is the passive that obeys Reason. Evil is the active springing from Energy. Good is Heaven. Evil is Hell."

Estabelecer uma hierarquia entre essas duas dimensões – como é o projeto da ciência Moderna, que busca submeter o natural e o instintivo à cultura e à técnica – cinde aquilo que deveria estar unido. É a tensão entre os dois termos que constitui o humano e que dá sentido à experiência. A Razão Moderna destrói a vida que busca entender, justamente porque o faz por meio de uma clivagem absoluta entre os termos, por uma separação sistemática entre sujeito e mundo, sensibilidade e razão, sentido e causa. No verso famoso de Wordsworth, *matamos para dissecar*:[14] a forma Moderna de tentar compreender a vida implica, necessária e paradoxalmente, sua destruição.

É no quadro da crítica à prepotência da Razão, e da disciplina severa a que ela submete os desejos, que Blake sustenta a superioridade de "os tigres da ira" sobre "os cavalos da instrução".[15] A sabedoria dos primeiros vem de sua liberdade selvagem, de sua capacidade de aceitar que a ferocidade e a ira são elementos de sua natureza, que não devem ser negados ou suprimidos, nem podem ser domesticados para atender aos desejos da Ordem.

Em *Canções de inocência e de experiência* (1789), Blake retoma o tema da ambiguidade constitutiva do humano e do alcance restrito da Razão para captar o que há de mais relevante na vida. A oposição entre as *Canções de inocência*, marcadas pela regularidade de algo pasmoso da Ordem, e o fascínio do turbilhão desordenado das *Canções de experiência* resume, com a densidade do discurso poético, o conjunto das críticas Românticas ao projeto Moderno: a demarcação nítida de províncias entre o racional e o não racional destrói a possibilidade de encontrar sentido – não causalidade – para as ações humanas.

---

[14] "Doce é o ensinamento que a Natureza nos traz/ nosso intelecto curioso/ deforma a beleza das coisas/ matamos para dissecar." "Sweet is the lore which Nature brings;/ Our meddling intellect/ Mis-shapes the beauteous forms of things: – / We murder to dissect." Wordsworth, William. *The Tables Turned*, 1888.

[15] "The tigers of wrath are wiser than the horses of instruction."

A literatura do período – e não apenas a poesia – repropõe, obsessivamente, essa invectiva contra o modo Moderno de organizar o mundo: *Uma modesta proposta*, de Swift (1726) é uma denúncia cruel e sarcástica da frieza da racionalidade tecnoburocrática diante da condição dos miseráveis; *Frankenstein*, de Mary Shelley (1818), e *O médico e o monstro*, de Stevenson (1886), são fábulas de terror que evocam a loucura que se esconde sob a soberba cega da Razão; *Bleak house* e *Oliver Twist*, de Dickens, vituperam contra as consequências perversas da aplicação prática de princípios econômicos e políticos *cientificamente comprovados*. A cisão do humano leva, forçosamente, à cisão social.

É nesse sentido que os versos de Blake se tornam paradigmáticos da crítica Romântica ao projeto Moderno, em geral, e ao Direito, em particular. Quando propõe, em *Provérbios do Inferno*, que *as prisões são construídas com as pedras da Lei, os bordéis com os tijolos da religião*, o poeta dá voz ao sentimento de que esses discursos normativos, e as instituições que os articulam, punem os seres humanos por serem humanos, isto é, por serem constitutivamente ambíguos e necessariamente formados pelo racional e pelo não racional. As normas religiosas, com suas múltiplas proibições, negam a verdade incontornável do desejo, enquanto as leis, com sua pretensão universal, fecham os olhos às singularidades das condições individuais que caracterizam a vida real.

Do ponto de vista dos Românticos, tanto mais racional e universal se pretenda o Direito, tanto mais ele será um instrumento de opressão, exclusão e injustiça (A mesma lei para o leão e o boi é Opressão).[16] A descrição do funcionamento das cortes nos romances ingleses do período é profundamente crítica: tais romances deploram justamente a ideia de sistema autônomo que a perspectiva de Austin celebrava. Onde Austin e os positivistas desejam separação nítida, Blake e os Românticos preconizam fusão absoluta.

---

[16] "One Law for the Lion and Ox is Oppression."

Os projetos de John Austin e de William Blake parecem dialogar, assim, em um nível mais profundo do que se poderia supor à primeira vista. Ambos se posicionam perante o projeto Moderno, reagindo desigualmente ao cataclisma da Revolução Industrial, suas premissas filosóficas (noções de Razão e de Ciência) e suas consequências sociais. Austin abraça com otimismo essa proposta de erigir a causalidade – e não o sentido – como paradigma último não apenas para estabelecer o conhecimento científico, mas também para formular o melhor modo de construir a organização social. Sua perspectiva para a ciência do Direito iria, sem surpresa, transbordar também para o quotidiano das práticas jurídicas, afetando profundamente a forma como os profissionais do Direito entendem sua função. É possível ainda hoje observar ecos dessa posição pioneira de Austin em certo tipo de crítica ao chamado ativismo judicial.

William Blake, por sua vez, rejeita a proposta Moderna porque entende que ela parte de uma premissa equivocada sobre a vida humana. A cisão metódica e o procedimento de segmentação ordenada que caracterizam a Razão que impulsiona a vertiginosa mecanização e automação dos primórdios da Inglaterra industrial parecem-lhe uma perversão daquilo que há de mais precioso nos seres humanos. O olhar cético e amargo que ele lança sobre o Direito, cujas normas se tornam instrumento de opressão em nome da igualdade, também reverberaria com força no Ocidente. Da crítica marxista ao realismo jurídico norte-americano, a crença de que a integridade do sistema e a universalidade das regras não são capazes, por si sós, de produzirem justiça (embora sejam capazes, muitas vezes, de produzir seu oposto) tem alimentado alguns dos mais importantes esforços de apresentar princípios que resolvam satisfatoriamente os *hard cases* da vida concreta. Examinar, em Austin e Blake, as origens dessas linhas antagônicas que balizam hoje o debate jurídico podem ajudar na difícil construção de um novo lugar para o Direito.

REFERÊNCIAS

AUSTIN, John. *The Province of Jurisprudence Determined* (1832). W. Rumble (ed.). Cambridge: Cambridge University Press, 1995.

BIX, Brian. John Austin. *In: The Stanford Encyclopedia of Philosophy* (Spring 2015 Edition), Edward N. Zalta (ed.). Disponível em: http://plato.stanford.edu/archives/spr2015/entries/austin-john/.

BOURDEAU, Michel. Auguste Comte. *In: The Stanford Encyclopedia of Philosophy* (Winter 2014 Edition), Edward N. Zalta (ed.). Disponível em: http://plato.stanford.edu/archives/win2014/entries/comte/.

ERDMAN, David V. (ed.). *The complete poetry & prose of William Blake.* Anchor Books, 1982.

LOPES, José Reinaldo de Lima. Hermenêutica e completude do ordenamento. *Revista de Informação Legislativa*, Brasília, ano 26 n. 104, out./dez. 1989.

TAYLOR, Charles. *A Secular Age.* Harvard University Press, 2007.

Look at all these lonely people:
ainda a interpretação em Artes e Direito

Artigo elaborado em coautoria com
Ana Elvira Luciano Gebara[1]

Do rádio do carro vem uma melodia agradável, vagamente reconhecível em meio às hesitações, atalhos e rupturas que caracterizam esse tipo de jazz. Por duas ou três vezes, sinto que estou prestes a reconhecer a música, prestes a adivinhar-lhe o título. Mas logo um acorde inesperado, uma dissonância surpreendente de um dos violões oculta novamente as pegadas que poderiam me levar até o objeto na memória, e me vejo de novo diante de algo que é ao mesmo tempo desconhecido e familiar. Pergunto, finalmente, à professora a meu lado: "Que música é esta?". "'Eleanor Rigby', dos Beatles".

---

[1] Graduação em Letras, Italiano-Português (Letras, USP, 1992), licenciatura em Letras (Educação, USP, 1993), mestrado (1999) e doutorado (2010) pela FFLCH, USP. Atualmente é professora da FGV DIREITO SP e na Unicsul. Tem foco de estudos na área de Linguística, atuando principalmente nos seguintes temas: estudos sobre gênero, ensino de poesia, ensino de língua materna para fins específicos na Educação Superior. Suas publicações abrangem as duas áreas de pesquisa: *A poesia na escola:* leitura e análise de poesias para crianças (2012); *Gêneros textuais*: construindo sentidos, planejando a escrita (2012), em coautoria.

A resposta me faz sentir um misto de alívio e irritação. É ótimo ver-se livre dessa pequena angústia de quase saber mas não saber. De posse da chave de leitura que o título me fornece, começo a apreciar melhor a *performance* do grupo, a entender melhor a proposta de diálogo que estabelece com a canção original. "É '"Eleanor Rigby'", claro, como pude deixar de reconhecer?"

Ao alívio inicial do re-conhecimento, junta-se agora esse pequeno agastamento com minha incapacidade de identificar o tema desde logo. Temo secretamente que minha colega passe a crer que sou um bocado ignorante em matéria de música. Um sujeito que não reconhece uma música dos Beatles, francamente, tem pouca moral para debater cultura pop. Talvez por isso, por esse desejo de justificar minha incapacidade de compreensão, decido provocar minha interlocutora. "Na verdade, isto não é 'Eleanor Rigby'. É uma versão. Os Beatles jamais escreveram as notas que estão sendo tocadas e a música não é mais do que os sons que são produzidos. Uma versão de 'Eleanor Rigby' não é 'Eleanor Rigby', tanto assim que quem assina essa faixa não é Paul McCartney, nem John Lennon, mas o Duofel.[2] Esta é outra música".

A partir daqui, nosso debate se torna mais sério. Percebemos que há algo nesse problema – a relação entre a música original e sua versão jazzística – que guarda semelhanças importantes com o tema clássico da interpretação no Direito e com os problemas correlatos que envolvem segurança jurídica e seu enraizamento com a jurisprudência. Há, em ambos os casos, a tensão entre permanência e ruptura, entre um texto canônico e sua realização particular.

Dessa relação – original e versão – decorre o problema da interpretação excessiva, confusa ou insuficiente e, também, a dificuldade de estabelecer critérios para saber se uma determinada versão é boa ou ruim (vale qualquer coisa no jazz?), ou para decidir se este

---

[2] Duofel é um dueto de violonistas, formado por Luís Bueno e Fernando Melo. Essa versão de "Eleanor Rigby" está em *Duofel plays the Beatles* (Fine Music, 2009).

ou aquele músico se manteve mais próximo do original, e se foi acertado fazê-lo em cada uma das ocorrências. Assim, dialogando com partituras e interpretações, este capítulo discute cada um desses tópicos, buscando refletir sobre as características da interpretação jurídica por meio de um paralelo com a dinâmica que rege a produção e a fruição das obras de jazz.

O primeiro problema a ser enfrentado é o do sentido de *identidade da obra original* nesse contexto duplo (musical e jurisprudencial). Quando se afirma que o Duofel compôs uma versão de "Eleanor Rigby", ou que Bill Evans e trio estão interpretando "Some day my prince will come",[3] há duas premissas aparentemente antagônicas em funcionamento. A primeira delas é a de que aquilo que se está ouvindo é uma versão de um objeto cujos traços fundamentais permanecem, contudo, nessa nova formulação. É essa permanência de traços que permite que o novo formato seja entendido como versão, como variação, e não como obra original. Se for impossível estabelecer qualquer identidade entre a recriação jazzística e a canção de origem, não cabe falar em versão.

A questão aqui passa a ser, então, a de definir o que se considera *traços fundamentais*. No jazz, a linha melódica básica é talvez o elemento mais frequentemente apontado como candidato a estabelecer a unidade entre original e variação. De fato, é bastante comum a um estilo de jazz começar a sessão apresentando, com alterações mínimas, o tema sobre o qual se irá comentar. Mas esse elo de ligação não é absoluto e, muitas vezes, se mostra mesmo bastante frágil. Alguns dos melhores momentos de Miles Davis em suas variações sobre "Summertime", por exemplo, parecem destacar-se completamente do encadeamento melódico original. Andamento, tonalidade, encadeamento de notas se transformam

---

[3] "Some day my prince will come" é uma das canções do filme do Estúdio de Walt Disney *Branca de Neve* (1937). Essa canção ficou famosa entre os músicos de jazz e pop, que fizeram inúmeras versões. Cf., em https://www.youtube.com/watch?v=KUT06K5eGz4, a versão de Bill Evans e trio. Devemos essa referência a nosso saudoso e generoso amigo Fernando Lopes Dantas.

a ponto de fazer desaparecer da superfície sonora qualquer indício de seu suposto ponto de partida. Devemos dizer que, nesse momento, ele deixou de tocar a música de Gershwin para iniciar uma nova canção?

Parece difícil responder afirmativamente a essa questão sem fazer qualificações importantes. Para além de aspectos mais técnicos (o trabalho com o *tempo*, por exemplo), outras considerações tornam difícil sustentar a tese de que existe ali uma obra totalmente nova. Não parece possível, portanto, entender a *performance* de Davis sem ter presente, o tempo todo, a melodia conforme foi composta para Porgy and Bess.[4] A arte do jazzista consiste, justamente, em sua habilidade de reconfigurar uma referência compartilhada com o público. Sem isso, perde-se o próprio sentido do que ocorre na *jam session*. Só é possível compreender a "Summertime" de Davis porque se conhece a "Summertime" de Gershwin e porque se entende que há uma continuidade programaticamente suposta entre uma e outra. Trata-se de uma evocação, uma música "fantasma" que se insinua por entre os espaços da versão atual, levando-nos a outros diálogos que, dependendo de nosso repertório, irão nos guiar ao original.

É importante lembrar que só existe original porque existem reedições. Sem as retomadas, "Summertime" e "Eleanor Rigby" não poderiam ser denominadas "original". Quando elas são interpretadas pelos próprios artistas ou pelos grupos que fazem *covers*,[5] há a busca de evocação da primeira experiência, não uma inovação. Basta trazer à memória grupos que se vestem como os originais, imitam as vozes e mantêm os arranjos tal como na primeira ocorrência. Por outro lado, há artistas que se baseiam na primeira edição para recriá-las. É nesse momento que a primeira versão se

---

[4] Considerada uma ópera folclórica, *Porgy and Bess*, 1935, foi composta por Gershwin e DuBose Heyward, sobre a história de um grupo de afro-americanos em Catfish Row, na Carolina do Sul, em 1920.

[5] Regravações ou *performances* de canções ou músicas, uma espécie de tributo ao original, do qual pouco se afasta.

torna original, no sentido de ser a origem desses outros objetos, cuja estrutura se funda na tensão entre permanência e ruptura, conservação e inovação.

Há várias estratégias para estabelecer esse diálogo com o texto-fonte. Trata-se da intertextualidade, como Julia Kristeva denominou os diálogos entre textos,[6] em que cada uma das aproximações indica um movimento em relação a esse texto. Pode ser respeito, homenagem e inspiração, como a *estilização*; pode ser crítica, reestruturação avaliativa de componentes ou temas, como na *sátira* e na *paródia*; pode ainda ser mais próximo do original com mínimas modificações, como acontece na *paráfrase*.

Esse ponto da tensão constitutiva do ato de interpretar pode ser ilustrado fazendo-se um paralelo com as obras de Picasso. Para apreciar sua *Mulher chorando* (1937),[7] o espectador tem que fazer referência a seu conhecimento de mundo anterior, isto é, ele deve ser capaz de reconhecer que as mulheres, mesmo quando choram, normalmente não se parecem em nada com a obra do artista. De fato, muitas vezes esse conhecimento anterior é utilizado justamente para criticar a arte moderna: "Será que ele não sabia pintar? Quem já viu uma mulher assim?", dizem aqueles que abominam o cubismo. O original é condição necessária à compreensão da obra derivada, assim como no caso do "Summertime" por Miles Davis.

O paralelo com Picasso nos ajuda ainda a apreender uma segunda dimensão constitutiva desse tipo de problema de produção/interpretação. *Mulher chorando* se distancia tão absolutamente do que seria uma versão mimética ou realista de uma mulher chorando

---

[6] Cf. KOCH, Ingedore Villaça; CAVALCANTI, Mônica; BENTES, Anna Christina. *Intertextualidade*: diálogos possíveis. São Paulo: Cortez, 2007. Nesse livro as autoras discutem cada uma das formas de intertextualidade, além de apresentar o percurso histórico desse conceito.

[7] Disponível em: http://upload.wikimedia.org/wikipedia/en/1/14/Picasso_The_Weeping_Woman_Tate_identifier_T05010_10.jpg. Acesso em: 2 mar. 2015.

que se torna claro que a intenção do pintor não era a de mimese. Um dos maiores artistas que já conhecemos, Picasso não teria a menor dificuldade em compor uma obra nos moldes clássicos da representação realista (como, de fato fez, no início de sua carreira).[8]

Se ele decidiu não fazê-lo, foi porque seu esforço como artista operava em outra direção: a pintura de Picasso nos convida a pensar na *subjetividade daquele que vê* antes do que na *objetividade daquilo que se vê*. O estranhamento causado pelo não mimético de suas figuras conduz o espectador a experimentar outras possibilidades de percepção de um objeto que se acreditava estável, familiar. Ele sugere que todo olhar é interpretação, que não é possível distinguir uma coisa e outra, que não fazemos senão interpretar continuamente o mundo. Essa perspectiva, em que as fronteiras entre interpretação e objeto se tornam confusas ou desaparecem, revolucionaria a Arte e abalaria profundamente o Direito.

Tampouco Miles Davis teria qualquer dificuldade para reproduzir fielmente as notas na partitura original de "Summertime". Sua decisão de afastar-se dela indica que seu interesse não era o de empreender um esforço mimético, no sentido estrito (replicar de forma neutra um evento anterior, seja proveniente da realidade ou de uma das formas culturais que com ela se relacionam). Seu objetivo central parece ser o de explorar as múltiplas possibilidades de compreender o clássico de Gershwin.

Importa, porém, notar que tanto Davis quanto Picasso exploram suas respectivas linguagens a partir de uma referência à forma convencional de perceber os objetos dentro da área em que circulam suas produções. Ao trazer "Summertime" para seu repertório, Davis deixa claro que a construção de sua obra supõe o conhecimento socialmente partilhado de uma obra anterior. Isso não seria absolutamente necessário: ele era um compositor talentosíssimo e poderia

---

[8] Se fosse necessário comprová-lo, bastaria conferir *Primeira comunhão* (1896) em que um jovem Picasso mostra perfeito domínio das premissas e técnicas da pintura clássica.

simplesmente oferecer ao público (como fez tantas vezes) uma obra que não citasse um trabalho alheio já amplamente conhecido.[9] Seu objetivo ao retomar uma obra consagrada parece ser justamente o de construir algo de novo nesse espaço do já conhecido. Dito de outra forma: seu objetivo parece ser o de realizar, concretamente, o sentido da palavra *intérprete*.

O termo, como se sabe, traz de sua origem a ideia de negociação: o intérprete era aquele que se colocava entre (*inter*) duas partes para ajudá-las a definir um preço (*pretium*) que parecesse justo a ambas.[10] Sua função era, portanto, a de fazer convergir entendimentos diferentes de modo a possibilitar uma ação comum. Tanto a discordância quanto o ponto comum são indispensáveis à sua ação. Sem discrepância quanto ao valor ou sentido de algo, não há necessidade de intérprete; sem algum ponto de consenso, não há viabilidade para o intérprete. Seu trabalho se dá no espaço entre a impressão individual e o sentido coletivamente partilhado.

Miles Davis é um intérprete justamente porque é capaz de responder a múltiplas leituras de uma mesma peça e de apresentar um ponto, insuspeitado por aquelas que já a conheciam, capaz de fazer convergir leituras individuais potencialmente divergentes. Esse caráter de estabilização e convergência faz com que muitas interpretações se tornem clássicas ou canônicas, isto é, que passem a ser consideradas *objetos primeiros* e não *objetos derivados*. Davis, dessa forma, leva Gershwin a novos diálogos para além de seu tempo, para além de seus interlocutores originais. Agora ambos soam concomitantemente aos nossos ouvidos, não importando qual música estejamos apreciando, se a original ou a interpretação. "Summertime" é mais do que uma canção no singular.

A função do intérprete é, assim, justamente a de definir ou esclarecer, para uma comunidade, algum sentido controverso ou

---

[9] Da mesma forma como Picasso poderia ter optado pela pintura abstrata, sem qualquer referência a um elemento de conhecimento comum.
[10] Cf. a etimologia da palavra "intérprete": http://www.dicionarioetimologico.com.br/busca/?q=int%C3%A9rprete.

obscuro em uma obra compartilhada por tal comunidade. Sem esse aspecto comum, coletivo, não há lugar ou sentido para a *ação do intérprete*, isto é, a *interpretação*. A atividade de interpretar requer essa negociação social de sentido e implica, por isso as premissas de que:

a) a obra tem sentido para um grupo;

b) esse sentido é compreensível;

c) ele é compreendido de maneiras diversas, quiçá mesmo conflitantes, por membros da mesma comunidade;

d) há modos mais e menos adequados de estabelecer o sentido da obra para o grupo;

e) há pessoas (ou instituições) mais autorizadas ou mais capacitadas que outras a realizar essa tarefa de esclarecimento ou fixação de sentido.

A ação do intérprete se dá, justamente, nesse espaço entre a crença na estabilidade de um objeto e a experiência de sua fluidez.

Por sua vez, a recepção do trabalho feito pelo intérprete é construída sobre essas mesmas premissas. Por isso, interpretações diversas parecem ter menos a ver com a qualidade técnica da execução, e mais a ver com a compreensão de fundo abraçada pelo interlocutor para aquela área específica. Partidários da corrente do jazz clássico podem não apreciar o trabalho de Miles ainda que reconheçam sua competência como músico. É da proposta de fundo de Davis que eles discordam. Da mesma forma, controvérsias no mundo jurídico parecem emergir menos de críticas à qualidade da argumentação jurídica e mais da discordância de fundo do que significa o Direito e sua função na sociedade. Realistas e positivistas podem apresentar argumentos igualmente sofisticados, mas isso não é suficiente para dirimir suas diferenças, pois elas se encontram em outro lugar, a saber, a visão mais ampla que decidiram adotar sobre o Direito.

A psicanálise oferece um contraexemplo que ajuda a pôr em evidência essa dimensão necessariamente coletiva da atividade de interpretação. É comum que alguns analistas se recusem a interpretar o sonho para o paciente, muito embora estejam prontos a ajudá-lo a fazê-lo. A razão parece ser a de que as imagens que surgem no sonho de cada um, embora se comuniquem com sentidos socialmente partilhados, têm um significado específico para aquele que sonha. O analista certamente terá suas hipóteses interpretativas para o texto que é o sonho, mas não se sente autorizado como intérprete porque entende que não dispõe das mesmas condições de estabelecimento de sentido que o analisando.

A autoridade do intérprete depende, assim, do reconhecimento de que ele participa de um repertório cultural comum, repertório esse que irá delimitar, por um lado, o campo dos sentidos possíveis e, de outro, as condições para que se arbitre qual o *melhor sentido* no caso de uma obra específica. Nesse viés, a interpretação se autoriza por seu aspecto *conservador*, na medida em que é percebida como um instrumento para estabilizar um significado como dominante ou hegemônico, e para repelir outras construções possíveis. O intérprete aqui parece conservar as crenças tradicionais, porque mostra que o que parecia novo é, de fato, uma reedição do já conhecido.

Por outro lado, a autoridade do intérprete está também na sua capacidade de *inovar*, vale dizer, de fazer uma conciliação inédita de elementos. O caráter obscuro ou ambíguo de uma obra só subsiste enquanto o elenco de hipóteses interpretativas disponíveis para sua superação se mostrar incapaz de fazê-lo. O bom intérprete será aquele que oferecer uma nova hipótese, seja pela reorganização de elementos já presentes nas hipóteses tradicionais, seja pela introdução de novos elementos. Como nos versos de Caetano, o novo aqui é uma estratégia para revelar e estabelecer o antigo: "E aquilo que nesse momento se revelará aos povos/Surpreenderá a todos não por ser exótico/Mas pelo fato de poder ter sempre estado oculto/Quando terá sido o óbvio".[11]

---

[11] "Um índio" é uma das canções do álbum *Bicho*, de Caetano Veloso (1977).

Não surpreende, assim, que o prestígio de Bill Evans, Davis ou Monk venha do fato que eles sejam fabulosos *intérpretes*, isto é, que sejam capazes de revelar sentidos possíveis e profundamente convincentes para textos de conhecimento comum. O modo como Davis apresenta "Summertime" não surge, portanto, como uma traição à obra de Gershwin, mas como uma epifania, como uma exegese que revela *o que pode estar oculto, tendo sido o óbvio*.

Em seu clássico *Tradition and the individual talent*, T. S. Eliot discute exatamente essa tensão entre ruptura e permanência intrínseca à atividade de interpretação, bem como o caráter necessariamente ativo do intérprete:

> Nenhum poeta, nenhum artista, tem a sua significação completa sozinho. Seu significado e a apreciação que dele fazemos constituem a apreciação de sua relação com os poetas e os artistas mortos. Não se pode estimá-lo em si; é preciso situá-lo, para contraste e comparação, entre os mortos. Entendo isso como um princípio de estética, não apenas histórica, mas no sentido crítico. É necessário que ele seja harmônico, coeso, e não unilateral; o que ocorre quando uma nova obra de arte aparece é, às vezes, o que ocorre simultaneamente com relação a todas as obras de arte que a precedem. Os monumentos existentes formam uma ordem ideal entre si, e esta só se modifica pelo aparecimento de uma nova (realmente nova) obra entre eles. A ordem existente é completa antes que a nova obra apareça; para que a ordem persista após a introdução da novidade, a totalidade da ordem existente deve ser, se jamais o foi sequer levemente, alterada: e desse modo as relações, proporções, valores de cada obra de arte rumo ao todo são reajustados; e aí reside a harmonia entre o antigo e o novo.[12]

---

[12] "No poet, no artist of any art, has his complete meaning alone. His significance, his appreciation is the appreciation of his relation to the dead poets and artists. You cannot value him alone; you must set him, for contrast

A premissa de Eliot de que *no artist of any art has his complete meaning alone* retoma, pelo ponto de vista do patrimônio coletivo, a discussão até aqui estruturada a partir da figura do intérprete. Não há possibilidade de interpretação sem a existência de um repertório aceito como referencial por uma comunidade.

Por outro lado, esse repertório não tem um sentido estável, dado de uma vez por todas. Pelo contrário: o sentido do todo é reordenado cada vez que a ele se agrega um novo elemento O sentido das obras de Plutarco, sugere Eliot, mudou depois de sua apropriação por Shakespeare;[13] o mesmo se poderia dizer da *Ilíada* de Homero após sua retomada por James Joyce em *Ulysses*; de "Summertime" por Davis, da *Mona Lisa*, por Salvador Dali etc. Não há necessidade de estender a lista de citações para sublinhar a relevância do argumento de Eliot: não apenas são indissociáveis os atos de *interpretar* e de *criar*, mas os próprios sentidos anteriormente consolidados se modificam por força da obra posterior.

Postular essa dinâmica para a interpretação e essa função criativa para o intérprete implica postular que não há oposição, mas sim complementaridade, entre evento original e evento derivado. Em

---

and comparison, among the dead. I mean this as a principle of æsthetic, not merely historical, criticism. The necessity that he shall conform, that he shall cohere, is not one-sided; what happens when a new work of art is created is something that happens simultaneously to all the works of art which preceded it. The existing monuments form an ideal order among themselves, which is modified by the introduction of the new (the really new) work of art among them. The existing order is complete before the new work arrives; for order to persist after the supervention of novelty, the whole existing order must be, if ever so slightly, altered; and so the relations, proportions, values of each work of art toward the whole are readjusted; and this is conformity between the old and the new." ELIOT, T. S. *The sacred wood*. New York: Alfred A. Knopf, 1921; Bartleby.com, 1996. Disponível em: http://www.bartleby.com/200/sw4.html#7. Acesso em: 24 fev. 2015. Tradução de Ivan Junqueira *in* ELIOT, T. S. *Ensaios*. São Paulo: Faber & Faber, 1989.

[13] ELIOT, 1989.

termos jurídicos, significa dizer que não há qualquer antagonismo substantivo entre segurança jurídica e discricionariedade do magistrado. Tanto no jazz como no Direito, a expectativa da realização do intérprete é a de que ele sempre inove e sempre conserve. E isso não significa propor uma antinomia, mas reconhecer o funcionamento necessariamente dialético da interpretação.

> Ao abordar esse problema sob a perspectiva da tradução (também uma interpretação por sua vez), Umberto Eco descreve, com inteligência e humor característicos, a dinâmica de equilíbrio entre esses opostos de conservar e inovar e as dificuldades com que ela inevitavelmente se defronta:
> O que quer dizer traduzir? A primeira e consoladora resposta gostaria de ser: dizer a mesma coisa em outra língua. Só que, em primeiro lugar, temos muitos problemas para estabelecer o que significa "dizer a mesma coisa" e não sabemos bem o que isso significa por causa daquelas operações a que chamamos de paráfrase, definição, explicação, reformulação, para não falar das supostas substituições sinonímicas. Em segundo lugar, porque, diante de um texto a ser traduzido, não sabemos também o que é a **coisa**. E, enfim, em certos casos é duvidoso até mesmo o que quer **dizer**[14] [grifos nossos].

O compositor Gershwin, se voltarmos ao nosso exemplo central, elaborou sua "coisa", e ela foi sendo interpretada pelos ouvintes de seu tempo, que atribuíram valores, imagens e lugares para que circulasse e nos quais fosse fixada. Essa estabilidade é questionada pela interpretação, que, como já ressaltado, permite a ampliação tanto do que já existe como daquilo que virá a existir. Ao "dizer a mesma coisa", como nos provoca Eco em relação ao processo tradutório, o tradutor – intérprete que negocia entre espaços de língua e cultura – acaba por redescobrir o objeto, mesmo quando acredita repeti-lo.

---

[14] ECO, Umberto. *Quase a mesma coisa*. Tradução de Eliana Aguiar. São Paulo. Record, 2007. p. 9.

José Reinaldo de Lima Lopes, em importante estudo sobre Paul Ricoeur, aponta nessa direção, agora na esfera jurídica:

> Ao contrário do que se pensa, às vezes ingenuamente, a relação entre uma lei e uma decisão que sobre ela se baseia (ou dela tira sua validade) – seja essa decisão uma sentença, um ato administrativo, a elaboração de uma lei ordinária pelo parlamento, etc. – não é uma simples repetição. Não é tampouco fruto da inferência lógica. A dogmática do direito não procede segundo a lógica formal pelo muito simples fato de que opera com classificações e os processos de classificação tendem para a analogia.[15]

A sentença mais recente não apenas reatualiza, assim, o sentido prévio da jurisprudência: ela o ressignifica, e não apenas quando diverge das soluções anteriores, mas mesmo quando parece simplesmente repeti-la (sua aplicação a outro caso, contexto e tempo amplia necessariamente o espectro de sua aplicabilidade).[16] Isso não significa dizer que as decisões judiciais são substancialmente imprevisíveis. A maioria dos casos aponta justamente para a situação oposta, sobretudo nestes tempos que juntam a pressão pela produtividade às ferramentas da informática. Mas significa balizar de outra forma as ideias de *segurança jurídica* e de *discricionariedade*.

A tensão tradicionalmente apontada entre os conceitos remete, como se percebe, à mesma dinâmica entre repertório (jurisprudência) e intérprete (juiz) que se observa na arte. Em um caso, como em outro, parece mais proveitoso entender o fenômeno como sendo essencialmente dialético, não como uma contradição a ser superada. Pensar a questão a partir de pares antagônicos como juiz

---

[15] LOPES, José Reinaldo de Lima. Hermenêutica e completude do ordenamento. *Revista de Informação Legislativa*, Brasília, v. 26, n. 104, out./dez. 1989. p. 244.

[16] Cf. o debate entre Dworkin ("My reply to Stanley Fish [and Walter Benn Michaels]: please don't talk about objectivity any more") e Fish ("Working on the chain gang", "Wrong again").

boca da lei/juiz ativista; segurança/inovação; previsibilidade/singularidade parece conduzir a uma leitura que obscurece o que há de mais característico no Direito: seu caráter de ponderação singular, caso a caso, a partir de um repertório comum, geral. Parece infundado acreditar que seja possível separar em campos estanques o universal do singular e, ainda assim, seguir fazendo o que entendemos por Direito.

REFERÊNCIAS

ECO, Umberto. *Quase a mesma coisa*. Tradução de Eliana Aguiar. São Paulo: Record, 2007.

ELIOT, T. S. *Ensaios*. Tradução de Ivan Junqueira. São Paulo: Faber & Faber, 1989.

ELIOT, T. S. *The sacred wood*. New York: Alfred A. Knopf, 1921.

KOCH, Ingedore Villaça; CAVALCANTI, Mônica; BENTES, Anna Christina. *Intertextualidade*: diálogos possíveis. São Paulo: Cortez, 2007.

LOPES, José Reinaldo de Lima. Hermenêutica e completude do ordenamento. *Revista de Informação Legislativa*, Brasília, v. 26, n. 104, out./dez. 1989.

Tem diabo nenhum:
literatura do século XX e o problema do mal – uma contribuição para o debate

> Explico ao senhor: o diabo vige dentro do homem, os crespos do homem – ou é o homem arruinado, ou o homem dos avessos. Solto, por si, cidadão, é que não tem diabo nenhum. Nenhum! – é o que digo. [...] Mas, não diga que o senhor, assisado e instruído, que acredita na pessoa dele?! Não? Lhe agradeço! Sua alta opinião compõe minha valia. [...]Ah, a gente, na velhice, carece de ter sua aragem de descanso. Lhe agradeço. Tem diabo nenhum. Nem espírito. Nunca vi. Alguém devia de ver, então era eu mesmo, este vosso servidor. Fosse lhe contar... Bem, o diabo regula seu estado preto, nas criaturas, nas mulheres, nos homens. Até: nas crianças – eu digo. Pois não é ditado: "menino – trem do diabo"? E nos usos, nas plantas, nas águas, na terra, no vento... Estrumes....
> O diabo na rua, no meio do redemunho...
>
> Grande sertão: veredas

A obsessão de Riobaldo em negar a existência do diabo compõe o coração de *Grande sertão: veredas*. A fala obsessiva do cangaceiro, a verborragia angustiada com que ele vai tecendo a vertigem de seu monólogo avança a partir da tensão, finalmente insolúvel, entre o *imperativo de negar* o Maligno (*tem diabo nenhum*) e a *impossibilidade de negar* suas manifestações quotidianas (*o diabo na rua, no meio do redemunho*).

As memórias que Riobaldo vai desfiando para seu interlocutor, com o fim explícito de *confirmar sua valia* de que o demônio é apenas uma ficção para assustar os ignorantes, voltam-se contra o narrador e seu propósito. Por mais que se esforce, ele não consegue se esquecer de todo o Mal que testemunhou. Suas andanças pelo sertão foram pontuadas, vezes sem fim, pelo encontro com a crueldade gratuita, o sadismo extremo, a perversidade abjeta. E, o que é pior: pela constatação de que os seres humanos podem haurir um prazer imenso, deleitar-se profundamente com a prática da crueldade, do sadismo e da perversidade:

> Mire veja: se me digo, tem um sujeito Pedro Pindó, vizinho daqui mais seis léguas, homem de bem por tudo em tudo, ele e a mulher dele, sempre sidos bons, de bem. Eles têm um filho duns dez anos, chamado Valtei – nome moderno, é o que o povo daqui agora apreceia, o senhor sabe. Pois essezinho, essezim, desde que algum entendimento alumiou nele, feito mostrou o que é: pedido madrasto, azedo queimador, gostoso de ruim de dentro do fundo das espécies de sua natureza. Em qual que judia, ao devagar, de todo bicho ou criaçãozinha pequena que pega; uma vez, encontrou uma crioula benta-bêbada dormindo, arranjou um caco de garrafa, lanhou em três pontos a popa da perna dela. O que esse menino babeja vendo, é sangrarem galinha ou esfaquear porco. – "Eu gosto de matar..." – uma ocasião ele pequenino me disse. Abriu em mim um susto; porque: passarinho que se debruça – o voo já está pronto.[1]

O horror de Riobaldo será o de se dar conta, sem desejar admiti-lo, que a segurança oferecida pelos *assisados e instruídos* é uma falácia, que suas hipóteses explicativas, sofisticadas e bem urdidas, se estilhaçam diante das evidências do quotidiano. Confrontada com o problema do mal, a Razão será incapaz de oferecer ao jagunço sua "aragem de descanso".

Escrito em 1956, depois que duas grandes guerras haviam manifestado à sociedade os extremos de crueldade a que podem chegar os seres humanos, o romance de Guimarães Rosa sintetiza a perplexidade do Ocidente moderno perante a banalidade do mal, sua omnipresença em nosso quotidiano.[2] Perplexidade que deriva, em larga medida, da necessidade que a Modernidade tem de explicar ações

---

[1] ROSA, Guimarães. *Grande sertão*: veredas. Rio de Janeiro: Nova Aguillar, 1994. p. 11
[2] "The lesson that this long course in human wickedness had taught us— the lesson of the fearsome, word-and-thought-defying *banality of evil.*" ARENDT, Hannah. *Eichmann in Jerusalem*: a repost on the banality of Evil. London: Penguin Classics, 1963. p. 252.

que desejaria classificar como *des-humanas* sem fazer qualquer referência a realidades *sobre-humanas*.

De fato, para manter-se consistente com sua origem e suas premissas, a versão hegemônica do discurso Moderno exige que Hiroshima e os campos de concentração sejam compreendidos como fenômenos não apenas *naturais* (posto que não podem ser *sobrenaturais*),³ mas que sejam também redutíveis a explanações racionais. Nos termos de Riobaldo, é preciso explicar a diabólica perversidade de Valtei (e de outros como ele – infelizmente, a história recente tornaria fácil multiplicar exemplos semelhantes) sem, em nenhum momento, falar no diabo.⁴

A tarefa não é fácil mas é contornável. Ela tem como pano de fundo o longo processo de "desencantamento do mundo"⁵ e de superação da metafísica que se tornou um dos traços dominantes do processo de construção da Modernidade. Os novos campos de saber que surgem a partir desse olhar (v.g., sociologia), assim como a reformulação de campos tradicionais (v.g., filosofia, economia), emergem no âmbito desse esforço de oferecer uma explicação crível ao problema do Mal sem fazer uso do referencial de transcendência com que os pré-Modernos respondiam à questão.

O funcionamento de muitas das instituições paradigmáticas da Modernidade (v.g., prisões, manicômios) se justifica por essa dimensão imanente – e não transcendente – do mal. Não há que se falar em possessão nem em influência demoníaca, mas em patologias psicossociais cujos efeitos é preciso coibir. Os Modernos, como Riobaldo, são obcecados por provar a inexistência do Cujo, do

---

³ Para o sentido a naturalidade da sociedade ver FOUCALT, Michel. *Sécurité, territoire, population*: Cours au Collège de Grance. Hautes Études, Gallimard Seuil, 1978.
⁴ Ver distinção que Foucault faz entre *gênero humano* e *espécie humana* em *Sécurité, territoire, population*, cit.
⁵ Ver Weber, *Sobre algumas categorias da sociologia compreensiva* (1910) e *A ética protestante e o espírito do capitalismo* (1930).

que-não-se-ri, do Inimigo, e livrar-se, de vez, da *tolice religiosa* que tanto exasperava Nietzsche.⁶

Também a literatura do período embarcará nessa empreitada. A partir da metade do século XIX, o problema do Mal se tornará um de seus temas de predileção. Textos hoje clássicos como *No coração das trevas*, de Joseph Conrad (1899), e *Moby Dick*, de Herman Melville (1851), testemunham a avidez com que os contemporâneos buscavam compreender o Mal para, assim, poder exorcizá-lo de vez.

Ao contrário das ciências suas contemporâneas, entretanto, a literatura não se proporá abordar o problema do Mal a partir de uma perspectiva causal, nem procurará indicar caminhos para controlar seus efeitos. Ela aceitará, com Hamlet e Pascal, que existem coisas entre o céu e a terra que vão além do alcance até mesmo da triunfante Razão Moderna. Sua contribuição será a de oferecer uma moldura de sentido a partir da qual seja possível entender e aceitar que o mistério do Mal se entretece e se confunde com o mistério de cada ser humano e é, por isso, igualmente incompreensível.⁷

Essa moldura tem como elementos recorrentes duas perspectivas antagônicas cujo funcionamento conjunto acabaria, com o tempo, por desacreditar o projeto Moderno e lançar as bases do mal-estar da pós-modernidade. A primeira delas é *pessimista* e tem por foco as *instituições*. Ela surge com clareza no realismo do século XIX e nos romances distópicos do século XX. A segunda é uma perspectiva *otimista* e tem por foco o indivíduo, podendo ser encontrada na poesia e no drama do mesmo período.

No total, e em seus diferentes gêneros, a literatura da época evocará a experiência do Mal não como uma epopeia cósmica (como

---

⁶ "La niaiserie religieuse par excellence!" NIETZCHE, Friedrich. *Beyond Good and Evil*: prelude to a philosophy of the future. New York: University Press, 2002. p. 47.

⁷ Na síntese poética de William Blake, somos simultaneamente cordeiros e tigres, gentileza e crueldade. BLAKE, William; HOLMES, Richard (org.). *Songs of innocence and experience*. Tate Publishing, 2007.

havia feito Milton em *Paraíso perdido*), mas como uma perversidade miúda e mesquinha, como uma corrosão do sentido de qualquer ação e de qualquer afeto, contra a qual buscam se insurgir, estoicamente, mulheres e homens anônimos.

No que diz respeito à primeira dessas perspectivas, isto é, àquela que se refere às instituições, a literatura será particularmente cáustica. Celebradas como elemento civilizador pela Modernidade industrial, as diferentes modalidades de organismos institucionais surgem nas obras do período não como instrumentos de promoção do humano, mas como engrenagens voltadas à sua destruição. Elas se dedicam, fundamentalmente, a vigiar e punir, para lembrar Foucault,[8] e paradoxalmente se tornam, nesse processo, fonte de produção daquele mesmo Mal cujo combate lhes justificaria a existência.

As poderosas *distopias* do século XX são talvez a versão mais acabada dessa crítica. A obra de Kafka (*A metamorfose*, 1915; *A colônia penal*, 1919; *O processo*, 1925) inaugura esse ciclo, e o faz de maneira tão poderosa que o termo *kafkiano* se estabiliza, no vocabulário comum, como vocábulo mais apto a designar o tipo de sem-sentido e de angústia que caracteriza a contemporaneidade. Os textos de Kafka propõem – e esta talvez seja uma das muitas razões de sua força – repetidamente, ainda que com variações e nuances, um indivíduo que se descobre prisioneiro de uma engrenagem a que não pode fugir, nem compreender.

O herói kafkiano está sempre exposto a um processo (biológico, jurídico, tecnológico) que, embora o tenha por objeto, não o tem por sujeito. Ele se vê reiteradamente engajado em ações a que não pode se furtar mas cujo sentido lhe escapa. Compelido a repetir uma multiplicidade infinita de atos, uma série interminável de ritos, ele busca ansiosamente entender o sentido dessa ação

---

[8] FOUCAULT. Michel. *Vigiar e punir*: nascimento da prisão. Petrópolis: Vozes, 1978.

monótona e continua. Inseto, réu, condenado, executado: o herói kafkiano desenrola sua narrativa apenas o tempo suficiente para apreender a futilidade de sua resistência contra um sistema que o desumaniza.

A intuição de Kafka iria reverberar em toda a literatura distópica elaborada ao longo do século XX. *Admirável mundo novo* (Aldous Huxley, 1932), *1984* (George Orwell, 1949) e *Laranja mecânica* (Anthony Burgess, 1962) são exemplos bastante conhecidos, embora não exaustivos, de narrativas literárias que identificam, no cerne do *malaise* de nossa civilização, o funcionamento inexorável de um sistema impessoal e desumano.

Segundo essa perspectiva, a origem do Mal pode ser buscada nessa *gaiola de ferro*[9] que se tornou a sociedade ocidental e que, fruto da ação deliberada dos seres humanos, volta-se impiedosamente contra eles. A literatura gótica havia antecipado exatamente esse processo (*Frankenstein*, Mary Shelley, 1818; *O médico e o monstro*, Stevenson, 1886) em que o avanço tecnológico gera monstros que destroem aqueles que, movidos pelas mais nobres intenções, os haviam criado.

Monstros, embora de outra natureza, surgiriam também nos romances de crítica social que se multiplicam com força nesse mesmo século XIX. A crueldade bruta dos personagens dos textos de Dickens (v.g., *Oliver Twist, A casa abandonada*, 1852, ou *Grandes esperanças*, 1861-), Zola (v.g., *A terra*, 1887, *A besta humana*, 1890) e Chekov (*Contos*) deriva de sua aceitação acrítica, inflexível – por vezes mesmo prazerosa –, das regras de um jogo no qual considerações sobre o sofrimento humano são *humbug*! Eles são a encarnação, a face visível de um sistema social e econômico *demoníaco*, que massacra impiedosamente os seres humanos.

---

[9] Tradução da expressão utilizada por Weber em *A ética protestante e o espírito do capitalismo* (1930). No original, em alemão, a expressão utilizada foi *stahlhartes Gehause*.

Algumas das páginas mais poderosas da literatura brasileira têm suas raízes na percepção aguda da perversidade desse conjunto aparentemente inescapável de forças que molda e perpetua a miséria do dia a dia. *Vidas secas* (Graciliano Ramos), 1938, *Morte e vida severina* (João Cabral de Melo Neto), 1968, *A hora da estrela* (Clarice Lispector), 1977, *Sentimento do mundo* (Drummond), 1940, para citar apenas alguns dos mais conhecidos, põem no centro da cena a fragilidade do humano diante da indiferença da máquina do mundo, de seu utilitarismo impiedoso, de sua racionalidade monológica.

Essa nova sensibilidade a um tempo rompe e retoma a tradição religiosa sobre o problema do Mal. Rompe na medida em que *despersonaliza* sua origem, sepultando a ideia de demônio na mesma vala em que havia enterrado a ideia de Deus: não há o Maligno, mas existe o mal. Retoma, na medida em que localiza o Mal em uma entidade impessoal que, não obstante, apresenta, como o antigo Satã, uma razão agudíssima, irresistível, que se põe a serviço de uma vontade pérfida. O discurso quotidiano registra, em sua enganadora banalidade, quão arraigada é a crença nessa racionalidade voluntariosa: "O mercado demanda essas mudanças..."; "O sistema não aceita esse tipo de comportamento..."; "A captação de investimentos exige que tomemos medidas...".[10]

Essa localização do Mal em um sistema cujo funcionamento, inexorável e incontrolável, é *inimigo da raça humana* permite à Modernidade reatualizar o problema do Mal sem ter que recorrer à transcendência. Com algumas variações, esse tipo de aproximação (sistema-Mal) se tornará hegemônico no Ocidente contemporâneo.

---

[10] Seria possível sugerir que a proposição da existência de uma racionalidade perversa não metafísica tenha sido uma das forças motrizes da Revolução Francesa (que, como se sabe, assumiu muitas vezes um discurso de matiz nitidamente religioso), que teria sido reatualizada, a partir da metade do século XIX, pelo pensamento marxista e pela dimensão de intencionalidade que marca sua leitura da história.

Como se sugeriu acima, o *sistema* herda, nesse processo, muitas das características anteriormente atribuídas a Satanás. Assim como ele, o *sistema* está em toda parte e, sendo muito mais forte e mais inteligente do que cada um de nós, nos obriga a fazer aquilo que não desejamos, a agir segundo valores em que não acreditamos. A ideia de que os seres humanos poderiam se tornar, por sua fraqueza, escravos do demônio é substituída, nessa nova cosmologia, pela convicção de que fomos subjugados pela lógica do *sistema*, que é tão inescapável quanto odiosa, e tanto mais odiosa quanto mais inescapável:

> Coração orgulhoso, tens pressa de confessar tua derrota e adiar para outro século a felicidade coletiva.
>
> Aceitas a chuva, a guerra, o desemprego e a injusta distribuição porque não podes, sozinho, dinamitar a ilha de Manhattan.[11]

Os versos de Drummond, a confissão de derrota perante um Mal poderoso a que, não obstante, servimos a contragosto, repropõe o lamento que, no início da experiência cristã, Paulo faria com base no imaginário religioso do demônio e do pecado: *Porque, mesmo tendo dentro de mim a vontade de fazer o bem, eu não consigo fazê-lo. Pois não faço o bem que quero, mas justamente o mal que não quero fazer é o que eu faço.*[12]

Na pós-modernidade, entretanto, a capitulação ao Maligno não se dá após a ponderação das razões metafísicas que angustiam Fausto antes de render-se deliberadamente a Mefistófeles. Ela se apresenta como que decorrência quase natural do reconhecimento ajuizado do inevitável. Seu rosto é o de Adolf Eichmann, síntese do automatismo com que realizamos as maiores atrocidades e da resignação com que contribuímos ativamente

---

[11] DRUMMOND DE ANDRADE, Carlos. Elegia 1938. In: *Sentimento do mundo*. São Paulo: Companhia das Letras, 2012. p. 44.

[12] Romanos 7:18,19. In: *A Bíblia Sagrada*: nova tradução na linguagem de hoje. Barueri: Sociedade Bíblica do Brasil, 2000.

para o sofrimento alheio. Não podemos, sozinhos, dinamitar a ilha de Manhattan: a compreensão das consequências éticas dessa crença acabariam por constituir um dos desafios centrais da Modernidade.

Ao mesmo tempo, localizando o Mal em uma entidade definida, racionalizável, mas impessoal – tornando-o, portanto, palatável ao modo moderno de teorização –, a Modernidade se vê não obstante reencenando, curiosamente, práticas e discursos forjados a partir de uma visada teológica. Reconstruídos em outros termos, temas como o da *ascese* e o do *pecador empedernido* voltam a ter curso em nosso tempo.

O discurso moderno propõe, por exemplo, que, embora o Mal exista, é possível resistir a ele, desde que tenhamos força de vontade, desde que compreendamos que podemos nos libertar da influência de um sistema diabólico que busca nos perverter. Haverá certamente fortes incentivos para que todos nos transformemos em Eichman (nossa fraqueza está continuamente exposta às tentações, diriam os medievais), mas essa metamorfose não é obrigatória: podemos resistir à sua sedução.

Para isso, no entanto, é preciso submeter-se à uma *ascese* que nos habilitará a abraçar o bem e rejeitar o Mal (por exemplo: ser capaz de desprezar o consumismo, de livrar-se da obsessão pela aparência e da vaidade da exposição nas redes sociais etc.). Diversas instituições contemporâneas apresentam-se como *loci* possíveis para o desenvolvimento dessa ascese, retomando o lugar dos antigos diretores espirituais. Obras de autoajuda, *blogs* de *wellness* e palestras motivacionais são omnipresentes em nosso dia a dia, prometendo orientação àqueles que desejam romper com o sistema e encontrar alternativas à mesquinharia reinante.

Complementarmente, essa perspectiva pós-metafísica recupera a noção de *pecador empedernido* quando condena como ímpios aqueles que se entregam, voluntariamente, à lógica da *ilha de Manhattan*. Os especuladores financeiros, os políticos corruptos e as estrelas efêmeras dos *reality shows*, assim como aqueles que sacrificam o meio ambiente à busca pelo lucro, são exemplos corriqueiros desse *aggiornamento* da ideia de que alguns cooperam voluntariamente, ativamente para o surgimento do Mal.

Nessa reatualização do pecador, os que pensam diferente estão presos, por sua própria torpeza, às ilusões de que se tornaram vítimas (v.g., do liberalismo, do socialismo, do consumismo, da religião). Eles não querem ver a realidade, nem querem ouvir argumentos que os convenceriam de seu erro, porque se comprazem, culposamente, nas vantagens que lhes traz servir a uma causa torpe. A moralização contemporânea do discurso político, e a *demonização* dos adversários, dificilmente será plenamente compreendida sem levarmos em conta essa dimensão ética fundada em uma ideia precisa do Mal e na perspectiva *pessimista* que se mencionou acima.

Essa perspectiva, que figura no centro de grande parte da produção literária do século XX, dialoga e alimenta um espectro igualmente amplo de textos que se estruturam a partir de uma leitura *positiva* ou *otimista* do ser humano. É possível sugerir que, no projeto moderno, o *inner self*[13] assume o lugar antes ocupado pela noção de *alma*. A ideia de salvação eterna se transforma na busca de *realização interior* ou de *vida plena*, que só pode ter lugar a partir do encontro de cada com um seu *verdadeiro eu*.

A exemplo do que ocorrera com a ideia de Maligno, essa epifania individual da contemporaneidade guarda também alguns dos traços característicos de seu antecedente religioso. De modo particular, a versão pós-metafísica desse encontro do *eu* enfatiza, ainda que de modos diversos, a natureza *inefável* que caracterizava a compreensão metafísica dessa experiência, isto é, a impossibilidade de reduzi-la ao vocabulário comum do dia a dia.

---

[13] TAYLOR, Charles. *Sources of the self*: The making of the modern identity. Cambridge: Harvard University Press, 1989.

É difícil defender, só com palavras, a vida, diz José, o carpinteiro, no fecho esplendoroso de *Morte e vida severina*.[14] Mas esse limite é a prova mesma da grandeza dessa descoberta interior. A experiência profunda da vida, a comunhão direta com a *fábrica que ela mesma, teimosamente, se fabrica*, não é traduzível nos termos do *sistema*. Ela é incompatível com a *ilha de Manhattan*.

O poema de João Cabral se encerra com a afirmação de um novo *inefável* que funda um sentido também novo, pós-metafísico, de *Bem*. Pelo avesso, ela ajuda a entender aquilo que nosso tempo reconhece como *Mal*.

O *Bem* a que faz referência o mestre carpina é a recusa a reduzir a vida humana à lógica contemporaneamente hegemônica da Razão utilitarista. Os motivos pelos quais o mangue se opõe, e é moralmente superior, a Manhattan não são compreensíveis a partir da perspectiva instrumental que a Modernidade impôs a nosso modo de ver, sentir, pensar e dizer as coisas. Por isso, é difícil formular em palavras esse sentido (que é, contudo, fundamental). O silêncio ao final do *Auto* traz à memória a insuficiência de Dante para descrever "o amor que move o sol e as outras estrelas".[15] Um e outro texto sinalizam, em seu encerramento, um ponto a partir do qual organizar a existência: o amor como centro da vida humana.

Em sua gratuidade constitutiva, em sua absoluta espontaneidade, ele é o oposto exato da lógica racional-instrumental do *Mal*, o sistema. Hélio Pellegrino captura essa ideia em um texto primoroso, que Fernando Sabino elege como epígrafe para *O encontro marcado*:

> [...] nascemos para o encontro com o outro, e não o seu domínio. Encontrá-lo é perdê-lo, é contemplá-lo em sua

---

[14] MELO NETO, João Cabral de. *Morte e vida severina*. São Paulo: Alfaguara/Objetiva, 2016.
[15] ALIGHIERI, Dante. Paraíso – Canto XXXIII. In: *A divina comédia*. São Paulo: Landmark, 2011.

libérrima existência, é respeitá-lo e amá-lo na sua total e gratuita inutilidade. O começo da sabedoria consiste em perceber que temos e teremos as mãos vazias, na medida em que tenhamos ganho ou pretendamos ganhar o mundo. Neste momento, a solidão nos atravessa como um dardo. É meio-dia em nossa vida, e a face do outro nos contempla como um enigma. Feliz daquele que, ao meio-dia, se percebe em plena treva, pobre e nu. Este é o preço do encontro, do possível encontro com o outro. A construção de tal possibilidade passa a ser, desde então, o trabalho do homem que merece seu nome.[16]

O funcionamento do mundo quer fazer crer que a possibilidade desse encontro é uma quimera, e que as crenças gêmeas na viabilidade da fraternidade universal e do amor desinteressado representam uma compreensível, mas inaceitável, nostalgia da Parusia e da ágape que moldavam a pré-modernidade. O texto de Pellegrino, com suas reverberações da inversão mística do período anterior (v.g., o pobre nu é mais rico que aqueles que têm abundância de bens materiais, a treva é lugar de iluminação,...), traz ecos dessa perspectiva. Ele propõe o encontro com o outro como possibilidade de encontro consigo mesmo, de epifania do *self*: a imaginação literária irá opor ao Mal do pragmatismo monológico do sistema o Bem de uma versão essencialmente dialógica do ser humano.

Uma porção importante da literatura do século XX abraçará essa perspectiva e desenvolverá, como tema recorrente, a luta do indivíduo para, mesmo diante das maiores dificuldades, não abrir da esperança de estabelecer algum tipo de diálogo real, e de atingir a realização na fraternidade e no amor. *De ratos e homens* (1937), de John Steinbeck, *Ulysses* (1922), de James Joyce, *Cem anos de solidão* (1967), de García Márquez, e *Grande sertão*: veredas (1956), de Guimarães Rosa, ilustram diferentes linhas a partir das quais o romance buscou capturar a dimensão trágica e heroica desse embate, dessa busca obstinada por si mesmo a partir do encontro com o outro.

---

[16] SABINO, Fernando. *O encontro marcado*. São Paulo: Record, 2006.

Os versos de Fernando Pessoa testemunham essa mesma obsessão (*Quem me dera ouvir de alguém a voz humana*),[17] assim como a poesia de Walt Whitman em *Song of myself*:

> I celebrate myself, and sing myself,
> And what I assume you shall assume,
> For every atom belonging to me as good belongs to you.[18]

A celebração do *eu* não pode se dar sem a presença do outro: *For every atom belonging to me as good belongs to you*. O mesmo motivo dá força à obra de alguns dos maiores poetas brasileiros: Drummond e Cabral (já citados neste texto), Manuel Bandeira, Cecília Meireles e Ferreira Gullar, e tantos outros, revelam o encantamento da literatura com essa versão renovada da luta pela salvação.

Em paralelo à poesia, algumas das sínteses mais poderosas desse mesmo tema nos são oferecidas pelo teatro do período. Oscar Wilde, Ibsen e Beckett, entre os estrangeiros, Oduvaldo Vianna, Nelson Rodrigues e Dias Gomes, entre os brasileiros, traduzem em sua dramaturgia esse embate aparentemente comezinho, mas verdadeiramente crucial, entre a banalidade do quotidiano e a busca humana por algum sentido, por algum diálogo que a ultrapasse.

Rinocerontes, de Ionesco, é talvez uma das versões mais acabadas desse esforço de expressão. Ameaçado por seus concidadãos transformados em rinocerontes, míopes, estúpidos e ferozes, o humilde Berenger decide resistir: *Contra todos, eu me defenderei! Eu sou o último ser humano, e eu o serei até o fim. Não capitularei!*[19]

---

[17] PESSOA, Fernando. Poema em linha reta. In: *Fernando Pessoa: obra poética*. Rio de Janeiro: Cia. José Aguilar Editora, 1972. p. 418.
[18] WHITMAN, Walt. Song of myself. In: *Leaves of grass*. Philadelphia: David McKay Publisher, 1891-1892. p. 29.
[19] "Contre tout le monde, je me défendrai! Je suis le dernier homme, je le resterai jusqu'au bout! Je ne capitule pas!" (IONESCO, Eugene. *Rhinocéros*. 1958. p. 98. Disponível em: https://www.scarsdaleschools.k12.ny.us/cms/lib/NY01001205/Centricity/Domain/906/Rhinoceros.pdf. Acesso em: 7 ago. 2017).

Aquilo a que Berenger resiste, aquilo a que ele se recusa a capitular, é o Mal, pelo menos na forma como a literatura traduz a sensibilidade Moderna. *Não tem diabo nenhum*, mas há, não obstante, um Mal poderoso que parece dominar cada recanto da vida quotidiana. A literatura do século XX ajuda a colocar a nu, e a sugerir uma esperança de compreensão, para a angústia dos que erram perdidos pelo sertão.

REFERÊNCIAS

A BÍBLIA Sagrada: nova tradução na linguagem de hoje. Barueri: Sociedade Bíblica do Brasil, 2000.

ALIGHIERI, Dante. Paraíso – Canto XXXIII. *In*: *A divina comédia*. São Paulo: Landmark, 2011.

ARENDT, Hannah. *Eichman in Jerusalem*: a repost on the banality of Evil. London: Penguin Classics, 1963.

BLAKE, William; HOLMES, Richard (org.). *Songs of innocence and experience*. Tate Publishing, 2007.

DRUMMOND DE ANDRADE, Carlos. Elegia 1938. *In*: *Sentimento do mundo*. São Paulo: Companhia das Letras, 2012.

FOUCAULT, Michel. *Sécurité, territoire, population*: Cours au Collège de France. Hautes Études, Gallimard Seuil, 1978.

FOUCAULT. Michel. *Vigiar e punir*: nascimento da prisão. Petrópolis: Vozes, 1987.

GARCÍA MARQUEZ, Gabriel. *Cien años de soledad*. Colombia: Editorial Sudamericana, 1967.

IONESCO, Eugene. *Rhinoncéros*. 1958. Disponível em: https://www.scarsdaleschools.k12.ny.us/cms/lib/NY01001205/Centricity/Domain/906/Rhinoceros.pdf. Acesso em: 7 ago. 2017.

JOYCE, James. *Ulysses*. Penguin Books, 1922

MELO NETO, João Cabral de. *Morte e vida severina*. São Paulo: Alfaguara/Objetiva, 2016.

NIETZCHE, Friedrich. *Beyond Good and Evil*: prelude to a philosophy of the future. New York: Cambridge University Press, 2002.

PESSOA, Fernando. Poema em linha reta. *In*: *Fernando Pessoa*: obra poética. Rio de Janeiro: Cia. José Aguilar Editora, 1972.

ROSA, Guimarães. *Grande sertão:* veredas. Rio de Janeiro: José Olympio, 1956.

SABINO, Fernando. *O encontro marcado*. São Paulo: Record, 2006.

STEINBACK, John. *Of mice and men*. Pascal Covici Publisher, 1937.

TAYLOR, Charles. *Sources of the self:* the making of the modern identity. Cambridge: Harvard University Press, 1989.

WEBER, Max. *The protestant ethic and the spirit of capitalism*. London: George Allen & Unwin, 1930.

WHITMAN, Walt. Song of myself. In: *Leaves of grass*. Philadelphia: David McKay Publisher, 1891-1892.

Se, numa noite de inverno:
ensinando Artes e Direito

> *Senhores, devo antes explicar que a mim agrada ler nos livros só o que está escrito e ligar os detalhes ao conjunto; considerar definitivas certas leituras; não misturar um livro com outro; separar cada um por aquilo que possui de diferente e de novo; mas o que mais gosto mesmo é ler um livro do princípio ao fim; parece-me que hoje só existem no mundo histórias que ficam em suspenso e se perdem no caminho.*[1]

As duas últimas décadas apontam para um reconhecimento crescente, no Brasil, do papel da Arte para o ensino jurídico. Por todo o país, multiplicam-se as instituições que oferecem, tanto na graduação como em seus programas de pós-graduação *lato* e *stricto sensu*, cursos que buscam utilizar a reflexão sobre diferentes vertentes de manifestação artística (v.g., literatura, cinema, teatro, pintura) como ferramenta para tornar mais sofisticadas as formas de pensar o Direito. Além disso, tornam-se também mais frequentes e mais

---

[1] CALVINO, Italo. *Se una notte d'inverno un viaggiatore*. Milano: Mondadori, 1994. p. 303. "Signori, devo premettere che a me nei libri piace leggere solo quello che c'è scritto; e collegare i particolari con tutto l'insieme; e certe letture considerarle come definitive; e mi piace tener staccato un libro dall'altro, ognuno per quel che ha di diverso e di nuovo; e sopratutto mi piacciono i libri da leggere dal principio alla fine. Ma da un po' di tempo in qua tutto mi va per storto: mi sembra che ormai al mondo esistano solo storie che restano in sospeso e si perdono per strada" (tradução de Nilson Moulin para a edição brasileira, CALVINO, Italo. *Se um viajante numa noite de inverno*. São Paulo: Companhia das Letras, 1999. p. 260).

densos os eventos, as associações e as publicações que se dedicam ao diálogo entre as duas áreas, ampliando-se também o número de pesquisadores que têm nas relações entre Artes e Direito o objeto central de suas investigações.[2]

A intensidade e a extensão com que tal movimento vem se manifestando, e o aumento de sua relevância para os debates sobre a formação dos futuros profissionais do Direito, convidam os estudiosos a buscar entender tanto os traços que o caracterizam como as razões para que, em um país com larga tradição de juristas beletristas, ele tenha apenas recentemente ganhado ímpeto mais consistente. Este capítulo busca contribuir para a investigação sobre esses dois pontos (traços característicos, tempo e contexto de surgimento), sugerindo ainda possíveis desdobramentos sobre a forma como eles vêm se articulando na prática.

O incremento nos estudos de Artes e Direito no Brasil parece revelar, por sua dinâmica de funcionamento e sua lógica de estruturação, a confluência de um influxo *externo* (as características da investigação jurídica nos principais centros de pesquisa ao redor do mundo) com um influxo *interno* (as condições do ensino jurídico nacional). Sobrepostos, eles agem para determinar o desenho que o campo tem assumido no Brasil.

O influxo externo é fruto da consolidação da respeitabilidade acadêmica desse gênero de estudo nos centros mais prestigiosos do mundo. As mais reconhecidas faculdades de Direito nos Estados Unidos e na Europa vêm oferecendo a seus alunos um rol bastante extenso de cursos que aproximam discurso artístico e discurso jurídico.[3]

---

[2] Para ficarmos apenas em exemplos mais recentes, basta observar a oferta regular de cursos e seminários, entre outras instituições, na UFRJ, USP, Unisinos, FGV Direito RJ e SP e a fundação recente (2014) da RDL, Rede Brasileira Direito e Literatura, além do importante trabalho de coordenação e divulgação de estudos na área feito pelo professor Pedro Fortes.

[3] V.g., Harvard, Yale, NYU, Sorbonne, Instituto Max-Planck. A ampla oferta de cursos e seminários nessa área, por instituições de prestígio internacional, é índice do reconhecimento da relevância acadêmica desse debate.

Para além da sala de aula, trabalhos teóricos de juristas importantes reforçam o prestígio desse tipo de investigação. Cerca de uma década após a publicação de *Law and literature* (1973), de Richard Posner – por muitos considerada a obra que dá início à etapa contemporânea desse movimento –, Ronald Dworkin formula uma proposta de compreensão do fenômeno da interpretação jurídica inteiramente fundada no mecanismo de interpretação literária. Seu "Law as interpretation"[4] é um marco na consolidação desse gênero de debate, na medida em que representa a defesa explícita, por um jurista consagrado, do caráter benéfico da aproximação entre Artes e Direito:

> Os juristas fariam bem em estudar a interpretação em literatura e em outras artes. Esse pode parecer um mau conselho (saltar da frigideira para o fogo) porque os críticos estão absolutamente divididos sobre o que seja a interpretação literária e a situação não é muito melhor nas outras artes. Mas é exatamente por isto que os juristas deveriam estudar tais debates. Nem todas as batalhas entre críticos literários são edificantes ou mesmo compreensíveis, mas um número muito maior de teorias de interpretação tem sido defendido na teoria literária do que no Direito, incluindo-se entre elas teorias que questionam a distinção simples entre descrição e avaliação que tem enfraquecido a teoria do Direito.[5]

---

[4] DWORKIN, Ronald. Law as interpretation. *Texas Law Review*, v. 60, p. 527-550, 1982.

[5] "Lawyers would do well to study literary and other forms of artistic interpretation. That might seem bad advice (choosing the fire over the frying pan) because critics themselves are thoroughly divided about what literary interpretation is, and the situation is hardly better in the other arts. But that is exactly why lawyers should study these debates. Not all of the battles within literary criticism are edifying or even comprehensible, but many more theories of interpretation have been defended in literature than in law, and these include theories that challenge the flat distinction between description and evaluation that has enfeebled legal theory." DWORKIN, Ronald. Law as interpretation, cit., p. 529-530, tradução livre. Disponível em: https://helda.helsinki.fi/bitstream/handle/10224/3739/dworkin.pdf?sequence=1. (Tradução nossa).

A impiedosa condenação que o crítico literário Richard Fish famosamente impôs à argumentação do jurista,[6] bem como a ruidosa polêmica que os dois mantiveram a respeito, resultaram em significativo aumento da visibilidade do diálogo entre as áreas. Mais do que isso, a dinâmica de réplica e tréplica em que se envolveram os dois especialistas ("My reply to Stanley Fish"; "Still wrong after all these years") evidenciou quão produtivo poderia ser o embate entre perspectivas teóricas que, construídas a partir de objetos distintos, lançam mão de um importante repertório comum de premissas e estratégias.

A cuidadosa análise de François Ost sobre os contornos desse repertório compartilhado e as tensões que se instalam a partir de seu funcionamento na constituição de instituições sociais profundamente diferentes sintetizam as matrizes que hoje informam boa parte dos debates na área.[7] Suas reflexões sobre a imbricação insuperável entre as dimensões *instituídas* e *instituintes* de formas sociais e imaginário são emblemáticas do quanto os estudos sobre Artes e Direito vão alargando (e abandonando em parte) o paradigma representado pela obra pioneira de Posner. Parcela importante da pesquisa europeia e norte-americana na área tem dialogado, de maneira mais ou menos explícita, com as categorias e a problemática apresentadas por Ost.

Assim, não deve surpreender que, no Brasil, a expansão e o adensamento do debate sobre Artes e Direito respondam e se articulem com esse movimento internacional mais amplo que constitui aquilo que se chamou anteriormente de seu influxo externo. É possível sugerir, entretanto, que essa confluência de agendas e

---

[6] "I will argue that Dworkin repeatedly falls away from his own best insights into a version of the fallacies (of pure objectivity and pure subjectivity) he so forcefully challenges." FISH, Stanley. Working on the chain gang. *In:* FISH, Stanley. *Doing what comes naturally*. Durham; London: Duke University Press, 1989. p. 89.

[7] OST, François. *Contar a lei*: as fontes do imaginário jurídico. São Leopoldo: Unisinos, 2005. p. 9-60.

perspectivas – que amiúde emerge desse diálogo entre nossos estudiosos e seus pares em outros centros –, para além da dinâmica tradicional de trocas culturais que tem caracterizado a vida intelectual brasileira, aponta para um fenômeno mais amplo e mais importante.

A recente valorização do repertório conceitual da Arte como instrumento para a compreensão do fenômeno jurídico, quer no exterior, quer no Brasil, parece derivar – ou assim se busca sustentar aqui – do esgotamento da matriz Moderna de construção das instituições jurídicas e das formas de pensá-las.

O modelo de produção (de bens materiais e simbólicos) que informa toda a organização social dentro do projeto Moderno se vê agora profundamente questionado em sua capacidade de responder efetivamente às demandas quotidianas.[8] De modo particular, o bombardeamento a que tem sido submetido o paradigma de ciência que dava forma à Modernidade coloca em xeque premissas que tal paradigma tomava por axiomáticas: a objetividade do conhecimento, a neutralidade ideológica do sujeito, a universalidade das conclusões, a impessoalidade da observação etc.

Tal crise de paradigma forçosamente afeta, como observa Alain Touraine, o conjunto de instituições que se erigiu à sua imagem e semelhança:

> O esgotamento da modernidade transforma-se com rapidez em sentimento angustiante do sem-sentido de uma ação que não aceita outros critérios que os da racionalidade instrumental. Horkheimer denunciou a degradação da "razão objetiva" na "razão subjetiva", isto é, de uma visão racionalista do mundo em uma ação puramente técnica pela qual a racionalidade é colocada ao serviço das necessidades, sejam elas as de um ditador ou as dos consumidores, que não são mais submetidos à razão e a

---

[8] BAUMAN, Zygmunt. *Modernidade líquida*. Rio de Janeiro: Zahar, 2001; SANTOS, Boaventura de Sousa. *Um discurso sobre as ciências*. São Paulo: Cortez, 1987.

seus princípios de regulamentação da ordem social assim como da ordem natural. Essa angústia leva a uma inversão de perspectiva. Bruscamente a modernidade é denominada "o eclipse da razão" por Horkheimer e Adorno e todos aqueles por eles influenciados, bem além da escola de Frankfurt.[9]

A gradual corrosão da pretensão de universalidade da razão objetiva retirou paulatinamente sua credibilidade como instrumento neutro de organização da vida social. O caráter interessado de qualquer argumentação racional, sua natureza eminentemente política, em sentido amplo – que constituem a passagem da *objetividade* à *subjetividade* a que se refere Touraine –, colocou necessariamente em crise as instituições modernas, que hauriam sua legitimidade justamente das supostas vantagens *racionalmente objetivas* de seus acertos. Tanto no espaço público (v.g., instituições políticas, sistemas jurídicos) como no espaço privado (v.g., instituições familiares), a consequência foi um esfacelamento de formas antigas de organização e o aumento vertiginoso de tentativas de desenhar novos modelos.

No campo do Direito, esse fenômeno é sentido com particular intensidade, uma vez que a crise de legitimidade do discurso

---

[9] TOURAINE, Alain. *Critique de la modernité*. Paris: Librairie Arthème Fayard, 1992. p. 113 (Col. Les Classiques des Sciences Sociales). "L'épuisement de la modernité se transforme vite en sentiment angoissant du non-sens d'une action qui n'accepte plus d'autres critères que ceux de la rationalité instrumentale. Horkheimer a dénoncé la dégradation de la 'raison objective' en 'raison subjective', c'est-à-dire d'une vision rationaliste du monde en une action purement technique par laquelle la rationalité est mise au service de besoins, que ce soient ceux d'un dictateur ou ceux des consommateurs, qui ne sont plus soumis à la raison et à ses principes de régulation de l'ordre social comme de l'ordre naturel. Cette angoisse conduit à un renversement de perspective. Brusquement, la modernité est renommée l'éclipse de la raison' par Horkheimer et Adorno et tous ceux qu'ils ont influencés, bien au-delà de l'École de Francfort." TOURAINE, Alain. *Crítica da modernidade*. 5. ed. Petrópolis: Vozes, 1998. p. 101.

Moderno desestabiliza algumas de suas categorias fundantes. A chamada crise do Estado nacional, com seus corolários, é apenas a face mais visível de um processo de desestabilização que atinge virtualmente todas as dimensões do jurídico. Jean-François Lyotard talvez seja quem mais explicitamente tenha sublinhado essa relação indissociável entre crise da razão Moderna, de seus modos de conhecer e crise do Estado:

> É assim que a questão do Estado encontra-se estreitamente imbricada com a do saber científico. Mas vê-se também que esta imbricação não pode ser simples. Pois o "povo" que é nação ou mesmo a humanidade não se contenta, sobretudo em suas instituições políticas, em conhecer; ele legisla, ou seja, formula prescrições que têm valor de normas. Exerce assim sua competência não somente em matéria de enunciados denotativos dependentes do verdadeiro, como também em matéria de enunciados prescritivos tendo pretensão à justiça. É exatamente esta, como se disse, a propriedade do saber narrativo, donde seu conceito é retirado, de encerrar ambas as competências, sem falar do resto.[10]

---

[10] LYOTARD, Jean-François. *The postmodern condition:* a report to knowledge. Tradução do frances de Geoff Bennington; Brian Massumi. Prefácio de Fredric Jameson. Manchester; Madison: Manchester University Press; University of Wisconsin Press, 1984 (fac-símile em pdf). "The question of the State becomes intimately entwined with that of scientific knowledge. But it is also clear that this interlocking is many sided. The 'people' (the nation, or even humanity), and especially their political institutions, are not content to know they legislate, that is, they formulate prescriptions that have the status of norms. They therefore exercise their competence not only with respect to denotative utterances concerning what is true, but also prescriptive utterances with pretentions to justice. As already said, what characterizes narrative knowledge, what forms the basis of our conception of it, precisely that it combines both of these kinds of competence, not to mention all the others." Disponível em: http://www.abdn.ac.uk/idav/documents/Lyotard_-_Postmodern_Condition.pdf. p. 31 (tradução de Ricardo Corrêa Barbosa para a edição brasileira), LYOTARD, Jean-François. *A condição pós-moderna*. Rio de Janeiro: José Olympio, 2004. p. 56.

Em sua análise, Lyotard adiciona à ideia de esgotamento da Modernidade avançada por Touraine o conceito central de conhecimento como *narrativa*. Entender o conhecimento como narrativa significa entendê-lo como produção de sujeitos geográfica e historicamente situados, movidos por interesses específicos, não como resultado da apreensão ideologicamente isenta de uma lei universal. Ao colocar de ponta-cabeça o projeto Moderno, esse argumento inquina também as formas sociais a que ele dera origem.

No que tange mais especificamente ao campo do Direito, não surpreende ver que essa visada dita pós-moderna se traduz, em termos práticos, em uma profunda crise de legitimidade de seus conceitos tradicionais. Era inevitável que essa crise de categorias fundantes do jurídico afetasse todas as instituições voltadas à sua manutenção e reprodução, como é o caso da Universidade.

Em sua versão tradicional Moderna, a estrutura dos cursos de Direito, bem como seus currículos e métodos, espelham e autorizam-se a partir dessa crença de que o conhecimento científico pressupõe um olhar neutro sobre um objeto estável e bem definido. O longo debate do Direito *como ciência* ainda gravita, significativamente, sobre a possibilidade de submeter o jurídico aos mesmos princípios metodológicos que garantem o prestígio de outras áreas.

Corolário dessa crença de que o requisito para que o Direito se constitua como ciência é a suposição de que ele deva constituir um objeto específico de estudo, com contornos bem definidos que delimitem nitidamente suas fronteiras com outros saberes. Em outros termos, para os adeptos dessa perspectiva, o caráter científico do Direito solicita a construção de um *objeto puro*, não contaminado por outras dimensões da vida.

O formidável e extenso prestígio de que ainda hoje goza o paradigma positivista no âmbito do discurso jurídico parece se fundar, assim, em sua capacidade de traduzir para o Direito as premissas centrais da razão Moderna. De fato, a naturalização dessas premissas no âmbito acadêmico, em geral, traduziu-se na naturalização correlata da ideia de que pensar o Direito como ciência era pensá-lo a partir da matriz positivista.

Essa visada sobre o objeto implica o entendimento de que seu ensino solicita instituições capazes de instilar em seus alunos uma determinada *disciplina intelectual* que, afastando-os do senso comum, possa capacitá-los a empreender uma análise *científica* dos problemas sobre os quais se debruçam. Distanciando-se do formato que caracterizara o ensino do Direito na Idade Média, por exemplo, a pedagogia Moderna produziu instituições universitárias que se estruturam a partir da *fragmentação disciplinar* e da *progressão seriada* e *cumulativa* dos conteúdos.[11]

Os paralelos com a lógica industrial de produção e com o projeto disciplinador Moderno, para utilizar a perspectiva de Michel Foucault,[12] não são acidentais e têm sido esmiuçados por alguns dos intelectuais mais influentes de nosso tempo. Esse modelo de fragmentação disciplinar e progressão seriada tornou-se também prevalente no Brasil. Quando se observa o histórico de mudanças nos currículos mínimos e disciplinas obrigatórias em nossas faculdades de Direito, torna-se bastante claro o caráter eletivo dessa forma de estruturação da academia.

Sobretudo a partir do século XX, no quotidiano das instituições de ensino brasileiras, essa concepção dos requisitos para a adequada formação jurídica se traduziu, com efeito, em desenhos de curso que segmentavam um conteúdo supostamente unitário em secções a serem apresentadas sequencialmente aos alunos (v.g., Direito Civil I, II, III...), estratégia que tinha como pressuposta a ideia de que a apresentação ordenada das partes levaria à compreensão abrangente do todo.

Essa moldura institucional harmoniza-se, à perfeição, com a ideia de especificidade do objeto jurídico a que se aludiu acima. A segmentação do objeto só se torna possível, de fato, se seus contornos estão nitidamente traçados e insulados de outras *disciplinas*.

---

[11] Discuti com mais vagar essa relação em GHIRARDI, J. G. *Ainda precisamos da sala de aula?* Inovação tecnológica, metodologias de ensino e desenho institucional nas faculdades de Direito. São Paulo: FGV DIREITO SP, 2015. v. 1.

[12] Cf. FOUCAULT, Michel. *Vigiar e punir*. Petrópolis: Vozes, 2007; *A história da loucura*. São Paulo: Perspectiva, 2009.

Não é de espantar, portanto, que as faculdades de Direito destinem a esmagadora maioria de sua carga horária às matérias *especificamente* jurídicas; o que significa dizer, fundamentalmente, à dogmática. Disciplinas que versem sobre outros conteúdos ou temas, as chamadas disciplinas auxiliares, propedêuticas, ou zetéticas, são tipicamente alocadas nas franjas do curso (ou no início, ou ao final, muitas vezes como eletivas), uma vez que o coração do currículo é reservado, como esse paradigma entende deva mesmo ser, aquelas matérias *verdadeiramente jurídicas*.

Desse ponto de vista, não há qualquer sentido em trazer a literatura, a pintura ou a música para dentro da sala de aula. Isto porque a validade mesma do discurso científico Moderno se estrutura a partir de sua libertação dos discursos da moral, da religião e da arte, todos vistos como suspeitos, tanto pela impossibilidade de comprovação *objetiva* da veracidade de seus objetos como pela subjetividade ou particularidade supostamente intrínseca a seus argumentos.[13]

Isso não quer dizer, é claro, que os atores envolvidos na construção acadêmica do sujeito como ciência não dessem valor ou não reconhecessem sentido a esses campos. Reconhecia-se a eles um papel social relevante ao mesmo tempo que se lhes negava lugar dentro de um debate científico do Direito. As observações de Hans Kelsen sobre a moral em seu clássico *Teoria pura do direito* são emblemáticas desse modo de entender a *ciência jurídica*.[14]

Tão dominante tem sido a crença nesse modelo de Ciência que, quase um século após a obra de Kelsen, e em que pese o crescente prestígio das ideias de multi- e transdisciplinaridade,

---

[13] Cf. TAYLOR, Charles. *A Secular Age*. Harvard: Harvard University Press, 2007.

[14] "A pureza de método da ciência jurídica é então posta em perigo, não só pelo fato de se não tomarem em conta os limites que separam esta ciência da ciência natural, mas – muito mais ainda – pelo fato de ela não ser, ou de não ser com suficiente clareza, separada da Ética: de não se distinguir claramente entre Direito e Moral." KELSEN, Hans. *Teoria pura do direito*. São Paulo: Martins Fontes, 2009. p. 53.

ainda hoje as disciplinas enfocando a relação do Direito com a Arte são apresentadas, em sua esmagadora maioria, como não obrigatórias.

Decorre também desse entendimento do objeto jurídico como um objeto puro, insulado, a crença de que a dimensão prática da profissão, e o necessário diálogo entre saberes que ela requer, deva ser desenvolvida fora dos muros universitários. Na tradição do ensino jurídico brasileiro, é comum esperar que o futuro bacharel comece a trabalhar já no primeiro ano, para que possa familiarizar-se com uma dimensão concreta do funcionamento das instituições a que essa concepção de saber acadêmico programaticamente desconsidera.

Esse desconforto com a prática ajuda a explicar também uma desconfiança, que tem historicamente marcado a pesquisa jurídica nacional, em relação aos estudos empíricos. O aparente descompasso entre a adoção de uma concepção de Direito baseada no modelo da ciência Moderna e a resistência à abordagem empírica é mais uma evidência das graves dificuldades que assombram esse esforço de conciliação entre o modelo das ciências duras e o objeto jurídico. Não é simples, nem mesmo necessariamente factível, ajustar o viés *descritivo* da ciência Moderna à vocação *deliberativa* e *prescritiva* do Direito.[15]

Parece legítimo supor, assim, que o notável fortalecimento, em nosso tempo, dos estudos sobre Artes e Direito, e a ampliação de seu espaço dentro da Universidade, emane da falência, na pós--modernidade, da grande narrativa para o Direito conforme postulada pelo projeto Moderno. A aproximação contemporânea de dois campos antes considerados antagônicos e irreconciliáveis – a Arte, como terreno do indecidível, da permanência da tensão e do conflito; o Direito, como instrumento de decisão, de supressão dos litígios – responde justamente à necessidade de superar, também na

---

[15] Cf. LOPES, José Reinaldo de Lima. Regla y compás, o metodología para un trabajo jurídico sensato. *In*: LOPES, José Reinaldo de Lima. *Observar la ley*: ensayo sobre metodología de la investigación jurídica. Madrid: Trotta, 2006. p. 61-83.

esfera dos estudos jurídicos, uma lógica de segmentação que perdeu simultaneamente o poder de explicar convincentemente a realidade e a capacidade de moldá-la com eficiência. O diálogo entre as diferenças incomensuráveis que caracteriza objetos e métodos em cada um desses campos deixa de ser visto como impossibilidade, tolice ou anátema e surge como especialmente adequado à solução dos novos desafios e à construção de novas formas de conhecer e de agir.

De forma particularmente importante, o tipo específico de tensão que se estabelece entre o caráter instituído e instituinte dos discursos da Arte e do Direito passa a ser visto como verdadeiramente emblemático das novas formas de pensar o jurídico. Isto porque é justamente esse tipo de tensão que melhor permite evidenciar, por um lado, o eixo da *verdade como narrativa* (em oposição à *verdade objetiva* Moderna) e incorporar, por outro, um segundo eixo, que articula uma percepção mais refinada do impacto da *dimensão política do imaginário*[16] na forma de conceber, estruturar e aplicar o Direito.

O primeiro desses eixos – a verdade como narrativa – tem migrado para o centro de alguns dos debates jurídicos mais importantes de nosso tempo. Como resultado, ganham prestígio na área estudos que permitem um aprofundamento das diferentes formas de construção e funcionamento das narrativas – como é o caso da Arte, de maneira mais imediatamente notável, da Literatura.[17]

O aumento da respeitabilidade acadêmica de Artes e Direito, entretanto, não é o único desdobramento desse novo entendimento das relações entre narrativa e discurso jurídico. Vincula-se a ela, também, a paulatina superação de formas de aproximar as duas áreas que se limitavam a utilizar a Arte como ilustração para situações jurídicas (na linha do Direito *na* literatura, para retomar a classificação de Posner). Mais e mais, vão ganhando espaço estudos que superam a mera identidade temática que amiúde informava os trabalhos

---

[16] TAYLOR, Charles. *Modern social imaginaries.* Durham; London: Duke University Press, 2003.
[17] Penso aqui sobretudo em Paul Ricoeur (*Temps et récit.* Paris: Seuil, 1991).

nesse campo – e que, no processo, tendiam a reforçar a ideia de que a aproximação era curiosa e interessante, mas contribuía pouco para análises mais substantivas do que é especificamente jurídico.

As análises de Foucault e Ost sobre a *Antígona*,[18] além do já citado debate Dworkin-Fish sobre o funcionamento de textos literários e jurídicos, são indicativos de uma nova forma de construir esse diálogo: o funcionamento dos discursos, e suas implicações, tornam-se agora os objetos prioritários de estudo. As intuições de Wittgenstein sobre o papel central da linguagem para as formações sociais e o exercício do poder vão sendo confirmadas e expandidas por essa nova forma de investigação.

Por sua vez, o segundo eixo mencionado anteriormente – o impacto da *dimensão política do imaginário* na forma de conceber, estruturar e aplicar o Direito – ganha também fôlego na mesma proporção em que perdem força leituras que preconizavam um lugar insulado ao jurídico dentro das práticas sociais. A ideia de que *o que não está nos autos não está no mundo*, que frequentemente se traduzia em *o que está no mundo não está nos autos*, foi sendo solapada pelo mesmo viés crítico que problematiza os discursos fundados nas premissas Modernas.

Os limites de um olhar exclusivamente *interno* sobre o Direito foram se tornando claros, primeiro, pelos severos desafios que a ele impunha o problema da interpretação, e, depois, pelo reconhecimento do imbricamento inevitável entre desenhos institucionais, estruturas ideológicas e discursos de poder. Os estudos sobre Direito, ideologia e teatro no início da Era Moderna, que vêm se multiplicando nas últimas décadas, são exemplo desse viés de pesquisa que aborda o impacto de construções discursivas sobre ideias jurídicas.[19]

---

[18] Respectivamente em *A verdade e as formas jurídicas* (Nau, 2014) e *Contar a lei*, cit.
[19] Para exemplos recentes importantes, cf. ARMITAGE, David (ed.). *Shakespeare and early modern political thought*. Cambridge: Cambridge University Press, 2012; SKINNER, Quentin. *Forensic Shakespeare*. Oxford: Oxford University Press, 2014.

Esse influxo *externo* para o incremento dos estudos sobre Artes e Direito é composto, no Brasil, por um influxo *interno*, que tem a ver com a insatisfação com nossos modos de ensino e de pesquisa em Direito mesmo dentro do horizonte definido pelas premissas (agora controversas) que os estruturavam. A insatisfação generalizada com a educação jurídica brasileira antecede o surgimento de críticas mais articuladas ao modelo Moderno. Era em seus próprios termos que o sistema de formação de juristas brasileiro parecia fracassar. Impugnados pelas críticas gêmeas de generalismo inócuo e tecnicismo estreito, ensino e pesquisa jurídica pareciam perder prestígio mesmo entre seus praticantes no país.

A participação no debate internacional sobre Artes e Direito, e a incorporação de suas premissas e metodologia, surgiu assim como um instrumento poderoso para enfrentar esse esgotamento a partir de sua raiz. Re-situando o Direito como discurso e como prática, ela permite que se avance no entendimento não só de questões teóricas tradicionalmente complexas (interpretação, jurisdição, validade etc.) como também das especificidades do funcionamento das instituições jurídicas no Brasil. Não será por acaso que esse fenômeno ocorra em concomitância com o da multiplicação de estudos sobre *Direito e...* (Economia, Finanças, Sociedade etc.) e com o aumento de prestígio das pesquisas empíricas.

É nesses termos que ganha relevância o ensino de Artes e Direito no Brasil hoje. Abandonando o beletrismo diletante que por muito tempo, e de vários modos, caracterizou investigações na área, enfoques mais recentes a partir das categorias de *narrativa* e de *imaginário* têm se mostrado profundamente úteis tanto para fazer avançar a compreensão de temas estritamente jurídicos (contratos, direito autoral, direito penal)[20] como para aprofundar a compreensão do complexo lugar do Direito em nossa sociedade.

---

[20] Como ilustração, veja-se: ABRAMOWICZ, Sarah. *The impossible contract*: law, parentage, and the Victorian novel. Columbia: Columbia University Press, 2007.

Minha experiência ao longo de dez anos ministrando o curso Artes e Direito (obrigatório para os alunos do primeiro ano na FGV DIREITO SP) tem procurado articular essa perspectiva. As aulas propõem aos alunos a tese central de que as narrativas do Direito e da Arte são estratégias diferentes empregadas na busca da resolução do mesmo problema, que é o do sentido e das condições para o pleno florescimento dos indivíduos nas sociedades em que vivem.

Ao longo dos encontros em sala, discutem-se as implicações, por exemplo, do fato de os textos literários frequentemente se estruturarem a partir dos embates de um herói contra as dificuldades para a realização de seu objetivo (v.g., Ulisses tentando voltar para casa; Romeu e Julieta querendo casar-se; Raskolnikov buscando atingir a paz de consciência). Sugere-se que essa unidade básica reconfigura, a seu modo, algumas questões que são fundamentais para a forma como pensamos o jurídico. Aponta-se, assim, que o *objeto da busca* do herói tem necessariamente que ser percebido pelo leitor como *objeto legítimo* em razão das condições específicas daquele sujeito, dadas as condições concretas em que se encontra.[21] De forma similar, os *meios* que ele emprega para atingir seu objetivo também devem ser considerados justos, permissíveis ou compreensíveis.

Vale dizer: o funcionamento das narrativas literárias supõe e requer daquele que lê um juízo de valor a respeito de uma situação concreta ou, nos termos de Aristóteles, o exercício da *phronesis*, isto é, da capacidade de bem julgar aquilo que é bom em uma situação específica. Essa ponderação solicita a avaliação de fins e meios a partir da condição singular do sujeito que age. Essa ponderação, que, como logo percebem os alunos, é vital para o Direito, não pode, contudo, ser realizada a partir, como observa Ian MacIntyre, apenas dos

---

[21] Mesmo no caso do anti-herói, ou do protagonista moralmente perverso, o leitor deve ser capaz de perceber que para aquela personagem tais objetivos eram legítimos.

elementos que nos oferece a lógica formal ou a *razão pura* kantiana.[22] Ela supõe a habilidade de compreender e valorar sujeitos e opções historicamente situados, irredutíveis a universalizações homogeneizantes.

Essa habilidade fundamental ao jurista não pode, por sua vez, ser construída ou desenvolvida sem a compreensão de que toda narrativa, no singular (seja ela jurídica ou literária), implica e responde, necessariamente, a um conjunto de outras narrativas (verbais e não verbais) com as quais, como produto de cultura, necessariamente dialoga. Por isso, o desenho desse curso de Artes e Direito inclui em sua estruturação, programática e deliberadamente, um amplo conjunto de narrativas em outras linguagens (pintura, música, cinema, teatro, fotografia, grafite etc.). Espera-se, com isso, que os alunos sejam capazes de expandir tanto sua capacidade de construir matrizes mais sofisticadas de ponderação jurídica como sua percepção crítica do substrato ideológico que vai implícito em diferentes formas de ponderação.

Perceber que há um contínuo ideológico entre a estatuária e o teatro grego, por exemplo, ou entre os afrescos, a literatura e a teoria política medievais, ajuda a aguçar o entendimento sobre as raízes mais profundas de que derivam ideias culturais de *justo* e de *belo*. No processo, ampliam-se as condições para uma reflexão mais sofisticada sobre algumas das categorias fundamentais para o Direito como instituição e como prática: v.g., sujeito, legitimidade, fontes, autoridade e universalidade da lei, responsabilidade, culpa. Em que pese a necessidade permanente de ajuste que todo curso requer, a generosidade dos alunos tem feito com que os diálogos em sala venham se mostrando profundamente produtivos, testemunhando o enorme potencial de ganho de adotar, para o ensino do Direito, uma perspectiva que incorpore os conceitos de *narrativa* e de *imaginário* à discussão do jurídico.

REFERÊNCIAS
ABRAMOWICZ, Sarah. *The impossible contract:* law, parentage, and the Victorian novel. Columbia: Columbia University Press, 2007.

---

[22] MacINTYRE, Alasdair. *Whose justice?* Which rationality? Notre Dame, Indiana: University of Notre Dame Press, 1988.

ARMITAGE, David (ed.) *Shakespeare and early modern political thought*. Cambridge: Cambridge University Press, 2012.

BAUMAN, Zygmunt. *Modernidade líquida*. Rio de Janeiro: Zahar, 2001.

CALVINO, Italo. *Se um viajante numa noite de inverno*. Tradução de Nilson Moulin. São Paulo: Companhia das Letras, 1999.

CALVINO, Italo. *Se una notte d'inverno un viaggiatore*. Milano: Mondadori, 1994.

DWORKIN, Ronald. Law as interpretation. *Texas Law Review*, v. 60, p. 527-550, 1982.

FISH, Stanley. Working on the chain gang. *In*: FISH, Stanley. *Doing what comes naturally*. Durham; London: Duke University Press, 1989.

FOUCAULT, Michel. *Vigiar e punir*. Petrópolis: Vozes, 2007.

FOUCAULT, Michel. *A história da loucura*. São Paulo: Perspectiva, 2009.

FOUCAULT, Michel. *A verdade e as formas jurídicas*. Tradução de Eduardo Jardim e Roberto Machado. Nau, 2014.

GHIRARDI, J. G. *Ainda precisamos da sala de aula?* Inovação tecnológica, metodologias de ensino e desenho institucional nas faculdades de Direito. São Paulo: FGV DIREITO SP, 2015. v. 1.

KELSEN, Hans. *Teoria pura do direito*. São Paulo: Martins Fontes, 2009.

LOPES, José Reinaldo de Lima. Regla y compás, o metodología para un trabajo jurídico sensato. *In*: LOPES, José Reinaldo de Lima. *Observar la ley*: ensayo sobre metodología de la investigación jurídica. Madrid: Trotta, 2006. p. 61-83.

LYOTARD, Jean-François. *A condição pós-moderna*. Tradução de Ricardo Corrêa Barbosa. Rio de Janeiro: José Olympio, 2004.

LYOTARD, Jean-François. *The postmodern condition:* a report to knowledge. Tradução do francês de Geoff Bennington; Brian Massumi. Prefácio de Fredric Jameson. Manchester; Madison: Manchester University Press; University of Wisconsin Press, 1984 (fac-símile em pdf). Disponível em: http://www.abdn.ac.uk/idav/documents/Lyotard_-_Postmodern_Condition.pdf.

MacINTYRE, Alasdair. *Whose justice?* Which rationality? Notre Dame, Indiana: University of Notre Dame Press, 1988.

OST, François. *Contar a lei:* as fontes do imaginário jurídico. São Leopoldo: Unisinos, 2005.

RICOEUR, Paul. *Temps et récit.* Paris: Seuil, 1991.

SANTOS, Boaventura de Sousa. *Um discurso sobre as ciências.* São Paulo: Cortez, 1987.

SKINNER, Quentin. *Forensic Shakespeare.* Oxford: Oxford University Press, 2014.

TAYLOR, Charles. *A Secular Age.* Harvard: Harvard University Press, 2007.

TAYLOR, Charles. *Modern social imaginaries.* Durham; London: Duke University Press, 2003.

TOURAINE, Alain. *Crítica da modernidade.* 5. ed. Petrópolis: Vozes, 1998.

TOURAINE, Alain. *Critique de la modernité.* Paris: Librairie Arthème Fayard, 1992 (Col. Les Classiques des Sciences Sociales).

Impresso em novembro 2020